看見

那些年我們創造的

臺灣經濟奇蹟

王作榮 著

導讀

鑑往知來，看見臺灣經濟的挑戰與出路

李桐豪（立法委員、政大教授）

這是王作榮老師眾多浩瀚著作中的一本小書，是由「臺灣經濟發展之路」與「我們如何創造了經濟奇蹟」兩部分所構成。本書的篇幅不大，卻充分反映了一位愛國書生憂國憂民的本色，更讓早已被我們這個世代所遺忘，臺灣當初怎麼從貧窮落後的環境走出來的歷史，再次活生生的展現在我們眼前。

當我們正為臺灣前途苦惱之際，這本書是一面「鑑往知來」的明鏡；雖然時空已異，卻能提點我們該如何思考突破困局的方向。對照臺灣過去要解決的問題，再看看臺灣今天面對的挑戰，更讓人體會到國家經濟與社會問題的變化難測，而任何一個世代稍微的疏忽，都會讓後代子孫承受難以承繼的負擔。所以，這本小書不僅告訴我們長輩過去的努力，還以此訓勉我們與年輕世代要不斷的奮鬥，才能在國際高度競爭的環境中，為臺灣爭取一席生存與發展的空間。

本書第一部分「臺灣經濟發展之路」發表於民國五十三年，當時臺灣的經濟剛進入「高度成長高度穩定的時代」之階段。寫作本文的動機是希望年輕一代能承擔起繼續發展國家的責任，因此他將十餘年服務國家的經驗做一總結，列出認為政府應該繼續的工作，移交給接手的人，所以算「是一篇移交報

告」。

王老師當時觀察到，臺灣的經濟發展已遭遇瓶頸，既有的優勢已充分展現，但整體經濟仍「未脫離落後形態」。「或者套一句流行語，尚未起飛」。農業算不上現代化，工業則主要是農業加工與進口代替品，高級工業尚未發展，而主要的投資則來自美援，政府缺乏複雜的財金政策與組織，是尹仲容先生所稱的「淺碟子」經濟。所以，當時的行政，立法，社會等各方面都落後，更缺乏人才形成領導階層，以帶領國家推動全面的經濟發展。

落後國家的經濟問題是政治問題

王老師特別強調，「落後國家所謂經濟發展問題，實在並非是經濟問題而是一個政治問題；再深一層觀察，則並非是一個政治問題，而是一個文化問題」。依此觀點，政府要推動國家現代化，必須要先能改變人的觀念，而這就要解決政治與文化的問題。王老師因此期盼「政治家」的出現，要能掌握世界潮流，跳脫文化束縛，並形成轉移社會風氣的團體，進而規劃建立有效率且現代化的行政體系。王老師舉例，過去為求方便性，曾安排財政部長兼任中央銀行總裁，但在國家財政困難時，反而造成惡性通貨膨脹，最終動搖國本的問題。因此，我們需要具有「革命精神」的領導階層來帶領，臺灣經濟才能發展得起來。

王老師對當時的行政部門頗有微詞，認為政府效率低落，操守問題層出，而幕僚和政策執行的承辦公務員往往缺乏現代專業的知識。公務員待遇差，但公務成本卻高。至於「工作與報酬脫節」與「任免及考績不合理」則會造成部分公務員貪瀆的道德危機。缺乏現代知識的公務員做事更是「蠻幹和盲幹」，但要改正這些人的錯誤則要再次耗費時間與資源，結果因此是事倍功半。王老師認為要改善政府行政效能，就須調整中低級公務員的待遇，同時還要提高公務員的素質。

王老師強調現代化的財政與金融是政府執行經濟政策的兩大工具，特別是在達成平均財富，創造福利國家(民生主義)之目標上扮演關鍵性的角色。政府若不能妥善運用此兩政策，便得依靠行政管制，結果會創造漏洞百出但法令卻多如牛毛的系統，最後必會癱瘓國家的經濟。由此可知，王老師希望建立的是市場經濟環境，政府可運用政策參與其中，而要避免以行政干預手段擾亂社會經濟的運行。

政府該做的還有推動輕稅重罰的租稅改革，建構健全的金融體系，包括能長期融資的資本市場與實業(工業)銀行，以及有效掌握國內外經濟與金融狀況，適時預警並提出因應措施等工作。其中，王老師特別關心建立能執行國家經濟發展政策與計劃的專業銀行，也希望有從事冒險性投資與小型企業資金融通的金融機構。的確，臺灣今天仍然缺乏國家開發銀行，而中小企業也僅限於信用保證，這些都與王老師的構想還頗有距離。

臺灣經濟發展需要有理想性的長遠目標，但現實狀況卻是決策官員往往選擇阻力最小、困難最少的去做。王老師因此希望臺灣建立具有願景的經濟發展綱領，有系統地發展工業，特別是資本密集產業。至於是由民間或政府推動工業發展，王老師主張「儘量由民間採取主動，民間不採主動，政府立即採取主動，民間不興辦，政府立即興辦」，但他不認為民營就一定好，「進步國家的公營事業與民營事業同樣辦的好，落後國家的民營事業與公營事業同樣辦的糟」。總結王老師的經濟現代化構想，主要是以發展資本密集的出口工業為中心，而農業與交通等則扮演支持性的角色。

對於臺灣經濟發展經驗中最為敏感的外匯管理問題，王老師支持必要時採取外匯貿易管制，但因這類管制對經濟負面影響太大，故非不得已不宜採取。亦即，外匯管制是政府非必要不得已的例外管理手段，而當經濟條件許可時，仍應尊重市場機能的發揮。此外，王老師也特別重視教育與長期科學的發展；平時對人才積極的投資，經濟發展才會有深厚的基礎。王老師更認為九年國教之後，「應即嚴格限制高中大學的普通教育，而大量舉辦職業學校，以應經濟發展的需要」。面對今天臺灣大學過剩，人才訓練不符社會需求的問題，我們只能感嘆後人未能察納王老師的諍言。

我們由王老師對臺灣經濟發展的觀察及建言可知，他其實非常清楚國家經濟的發展最終還是要靠民間的力量，市場經濟運作的原則才是現代化國家運作的常規。不過，當社會處於經濟落後狀態，掌握現代知識且能積極任事的政府，就要負起責任領導擘劃國家經濟發展。雖然當時臺灣經濟發展普遍獲得國際稱許，但王老師認為政府顯然還有空間可以做得更好，這說明王老師是一位深受傳統中華文化洗禮的愛國書生，他擔心被批評的「書生之見」反而應是肯定之詞。

本書第二部分「我們如何創造了經濟奇蹟」的背景是政府遷臺後一直到一九七〇年代中期，臺灣經濟社會所面對的問題。王老師整理出當時政府的各種經濟改革措施、針砭其有效性，最後提出一套政策的建議。這本書因此特別著重於經濟政策的討論，可以鮮明對照出今日政府推出政策的差異性；強人政治下，政策提出有方便性，但與民主政治一般，政策要落實都有困難度。不過，即便當時推出的政策不能全數有效推動，臺灣在經濟上的斐然成就已是國際公認。相對於今天臺灣經濟在亞洲國家末段的表現，我們這一代實在應該感到十分羞愧。

臺灣如何創造傲視全球的經濟奇蹟

現代的人們多數已遺忘臺灣是怎麼從一個戰後蕭條落後的國家走出來的。這本書在「我們如何創造了經濟奇蹟」部分做了精要的說明。雖然內容已在民國六十七年十月初版，並且出了三版，但今天讀起來卻仍然讓人體會深切。此部分涵蓋一九四九年至一九七六年，共二十八年的時間，也是臺灣從「經濟重建期」、「農業帶動工業發展」，逐漸「農業社會轉型工業社會」、面對「工業快速成長」，最後走向「高度成長高度穩定」，並持續「向經濟升段的目標邁進」的正面進取的時代，期間總共包括了六期的四年經濟建設計劃。（註一）

王老師開宗明義就說寫此書的目的有三，強調臺灣的經濟發展是落後國家的範例、符合正統經濟理論模型，並駁斥只是日本殖民者功勞的誣蔑。此外，一九五〇年至一九六五年間，金額達十五億美元的美援對穩定臺灣經濟十分重要，但也要肯定政府與人民善用這些援助，促成經濟發展，而不像其他落後國家拿到更多的援助，最後卻一事無成。

在那「經濟重建期」裡，小小的臺灣人口至少增加三分之一，物價飆漲八倍以上，政府財政赤字嚴重，要靠臺灣銀行印鈔票支應。結果，全國貨幣供給量增加十二倍，不僅出現惡性通膨，政府信用破產，外匯枯竭，連臺灣銀行開出的信用狀也被國外銀行拒絕，而國家企盼的美援直到韓戰爆發才逐步恢復，這還真是山窮水盡的年代。

但是，面對這樣的困局，國家與人民都沒有被打倒，政府訂出「在安定中求進步與農工平衡發展」的兩大基本政策。先是一九四九年六月的幣制改革，規定舊臺幣四萬元折新臺幣一元，希望建立幣信，穩定物價。另外，亦對物價實施直接管制，並對重要物資與糧食充分掌握管理。在外匯拮据的情況下，實施嚴格管制，然後再靠美援彌補短差。但即便如此，至一九五二年，美援輸入物資仍佔總輸入值的百分之四三。

當時是農業的臺灣，農民佔總人口比例達百分之六十以上，因此政府優先發展農業確有必要，而從土地改革、農村社會建設與生產技術改良等三方面進行。雖然三七五減租、公地放領與耕者有其田等土地改革政策最為後人所樂道，但王老師認為以農業技術的改良對生產的貢獻最大。終於，經過全國人民的努力，臺灣農業生產在一九五二年達到戰前最高產量水準。至於工業部分，政府強調國防、外銷與進口替代品的生產，並限制非必要品的製造，於是電力、肥料與紡織品成為生產優先項目。此外，尹仲容先生赴日洽簽的「中日貿易大綱」更解決臺灣當時對外貿易總額的百分之七十，「奠定以後九年中日雙邊記賬貿易的基礎」。

一九五三年政府成立經濟安定委員會推動第一期四年經濟計劃，目標在自己自足，希望達成國際收支的平衡，但事與願違，貿易赤字仍嚴重，而非要靠美援不可。一九五七年起，政府實施第二期四年計劃，想解決所得成長與失業問題，開始重視國防重工業發展，以及強化區域經濟合作。第二期四年計劃預定一九六〇年完成，但在一九五八年前後，台灣經濟發生變化，政府採取應變措施，而導致效果不彰。檢討這時期的經濟政策可知，土地政策與工商業發展有重要的連結關係，而在百業待舉的情況下，政府與民間的互動應該更積極。

一九五八年臺灣遭遇產業發展瓶頸，而人口卻大量增加的窘境。政府於是開始思考將政策重點從經濟穩定轉往經濟發展；撤銷經濟安定委員會，改組行政院美援運用委員會，並下設工業發展投資研究小組，成為除農業外，負責推動經濟發展的機構。由於事權集中，因此能在幾年之間就將經濟轉向，開創日後高度穩定成長的局面。

由於臺灣長期短缺外匯，外匯管理便成為政府經濟管理的重點。複雜的外匯貿易管制與進口預算及配額制度雖是二戰後落後國家慣用的管制，但本書特點出以「行政來代替市場機能作決定，引起行政上的腐敗與貪污」的問題。王老師雖常被認為主張由政府主導經濟發展，但其實他內心十分明白市場機能與政府管制之間的分際；政府應是協助化解市場失靈問題，而非完全取代市場功能。王老師也預言，「（管制）累積不已，必致無人不管，無事不管，而造成無法處理的程度。此時唯一的解決解法，便是一次將所有管制全部或大部解除掉，拋掉包袱」，而這正是近代管制辯證論強調管制——逃避管制——重新管制的過程，以及最後解除管制與再建管制的動態運作。

王老師認為，外匯貿易改革對臺灣的經濟影響最大，「實是一次『膽欲大而心欲細』的改革」。他肯定在當時政經環境下，推動官員能夠承擔風險、說服社會的反對者，而且還會詳細策劃逐步完成。相對於近乎同一時期的行政改革，以及後來著名的「十九點財經改革措施」皆為失敗之局，更突顯此時期外匯改革成功的重要性。

高成長、高穩定的年代

一九六一年起的第三期四年計劃則包括美國建議的八點財經改革，以及政府因此擬訂的「十九點財經改革措施」，而成為全面革新財政、經濟與金融的計劃。雖然這計劃由行政院副院長主持監督執行小組，並且每月定期檢討執行進度，但終因未曾立法不具約束力，且決策階層亦無貫徹決心的而終告失敗。在另一方面，為改善投資環境立法通過的「獎勵投資條例」，則一舉解決稅捐、投資手續，以及土地移轉限制等障礙，對臺灣經濟發展作出重大貢獻。

一九六二年至一九七二年是臺灣經濟「高度成長高度穩定」的年代。第三、四期四年計劃分別推動外銷工業、能源工業、重工業與著重技術的新興工業，以及開始重視社會建設，尋求「政府與民間，穩定與成長，經濟發展與經濟平等，生活水準、國防與經濟發展等各方面維持適當的平衡下，建立一現代國家」。至於第五期四年計劃則與臺灣經濟高度成長、高度穩定的時代同時結束。該計劃強調農業現代化問題，還列入日後出口主力的電子工業，但已開始進行設廠的鋼鐵、造船及部分石化重工業，則並未列入。

王老師認為，雖然這段期間出口加工產業（區）的發展，帶來所得成長與經濟繁榮，但也有不能長期忍受的缺點。臺灣經濟過度重視附加價值低的勞力密集產業，卻延遲發展重工業以強化國防，而且城鄉差距過大，導致「農村社會的不滿及農民普遍的負債」。縱使政府於一九六九年十一月宣佈「新農業政策綱領」，但受限於諸多原因而成效不彰。這個問題持續到今天，臺灣農業發展仍是我們進行國際區域經濟整合時最大的政治與經濟風險變數。

一九六〇年代下半期政府再次嘗試全面革新作為，包括改組美援會為行政院國際經濟合作發展委員會（經合會），甚至由行政院副院長蔣經國先生擔任主任委員。另外，政府還成立賦稅改革委員會，但因未進行稅務行政改革而收效甚微。至於促進科技與金融制度與業務改革也都無所成。所以，政府全面革新作為再次的失敗，而只有在一九六七年推動的九年國民教育算是成功，可以有效提升國家人力素質。無論如何，此一時期的國家經濟達到空前的成就。

一九七〇年代臺灣面對的國際政經情勢則完全改觀；退出聯合國、美元危機、石油危機等接二連三的衝擊，真正考驗臺灣經濟的韌性與政府應變能力。物價上漲，市場投機心理嚴重，進出口雖劇增，物資卻開始短缺，民間搶購囤積，國家經濟危機的風雨已吹滿樓。

面對這樣的局面，政府採取一連串的財政金融、進出口物資調節，以及物價管制措施都未收成效。終於，政府在一九七四年元月二十六日頒布「穩定當前經濟措施方案」的猛藥；原則尊重市場機能，但嚴格管控信用並調高利率。最後，隨著國際經濟局勢變化，物價躍升後開始穩定下跌，但世界經濟也步入衰退期。總結一九七二年十二月至一九七四年二月的十四個月期間，臺灣國內躉售物價上升百分之七五・七，而消費物價則上升百分之六六・五。

世界經濟不振當然影響臺灣的出口。一九七四年六月六日政府提出「行政院針對經濟近況決定當前財政、經濟、金融政策的說明」，卻缺乏積極有效的振興經濟措施。十一月以後，政府又陸續頒布的「十四項財經措施」、「三項金融配合措施」、「十項措施」，以及「改善投資環境實施要點」也都無助挽回大局。不過，當時採取新臺幣釘住美元不斷貶值的作法，終於讓經濟在一九七八年開始好轉。

值得一提的是，這段時間行政院蔣院長對農業問題改善做出貢獻，特別是廢除肥料換穀制度與取消田賦附徵教育費，減輕農民負擔，以及放寬農貸條件和實際加強農村公共投資都有成效。不過，仍有部分因準備不足、人才不夠，或是協調問題而未能達成預期目標。無論如何，政府對農民生活改善與關懷受到社會的肯定。

世人看石油危機期間臺灣最矚目的政策，便是擴大內需的公共建設計劃。雖然臺灣面對嚴重的通貨膨脹，但一九七三年十二月蔣院長仍宣布推動九項建設計劃，包括南北高速公路、鐵路電氣化、北迴鐵路、臺中港興建、蘇澳港興建、桃園機場、大鋼鐵廠、造船廠、及石油化學工業，隨後又加上核能發電，而被稱為「十大建設計劃」。這些基礎建設有助於臺灣經濟的升級，充分代表工業發展政策的轉變，讓國家正式進入重化工業時代。到了一九七七年十月政府又宣布十二項建設，繼續推動國家基礎建設，希望能如蔣院長所稱，建設之後可成為進步的國家。當時面對物價飆漲之際，這些擴大內需政策的決定，還真需要政治膽識與推動經濟發展的決心。

出口成長年平均二六%的驕傲

自一九五三年至一九七七年的二十五年間，臺灣的出口成長二四二倍，平均每年成長率為百分之二六・二，國民生產毛額成長七倍，平均每年成長百分之八・二，在亞洲僅次於日本，而朝向現代化國家邁進。在這段期間，臺灣培養出新一代的企業家，累積了資本與技術，而社會結構與生活觀念也逐步的改變。

檢討臺灣經濟發展的成功，王老師歸諸八個因素，包括（一）刻苦耐勞、精於計算及富於冒險的民族性，（二）穩定的政治及社會環境，（三）採取自由與開放的經濟制度，（四）政府負責、努力的領導，（五）大陸撤退來臺提供的資金及技術，（六）日本人所遺留之基礎與制度，（七）近十五億美元的美國援助，以及（八）二次大戰後國際經濟的繁榮。

政府長期以來採取漸進式的經濟政策，以「在穩定中求進步」與「農工平衡發展」作為發展策略的核心。但是，在經濟發展環境方面的改革就顯得不夠積極，甚至成為國家經濟進步的絆腳石，而這就需要進行觀念與思想的改變。易言之，臺灣的經濟發展，就處境正常的落後國家而言，或許可作為典範，但臺灣的處境非常，所以王老師強調必需作不同的考慮，而主張要「以工業發展為核心，建立強大的經濟力量，再以此為基礎形成強大的國力」。

王老師認為，政府應以最快的速度改造當時勞力密集度高，附加價值低的產業結構，希望「我們出口的不再純是勞力，而主要是技術，我們在國際市場上應是以出售技術為主」，因為「全世界一流國家在國際市場上主要出售的都是技術，不是勞力」。雖然臺灣的經濟發展，未能符合王老師的期待，但畢竟政府遷臺後的努力，讓臺灣經濟表現在一九七七年時受到國際肯定則已是不爭的事實。

歷史的發展是社會面對外在衝擊下一連串的選擇所造成的。臺灣過去經濟發展的經驗不僅造就我們現在所處的生活環境，也提醒我們解決當前社經問題應有的態度。臺灣今天不僅再次遇到產業發展的瓶頸，更面對三大社會歧異有待整合，這裡包括參與區域經濟整合立場（包括與大陸的經貿交流）的歧異、環保與經濟相容發展（包括核電與節能減碳的政策）的歧異，以及政府該如何運作模式（含行政與立法的互動）的歧異。另外，臺灣社會也存在著兩大對立須要化解，包括老齡化帶來的世代對立，以及所得不均引起的貧富階級對立。當然，政府財政收支狀況未見改善，以及潛藏負債竟等同一年的國內生產毛額，也都嚴重威脅國家的永續發展。

這些歧異、對立及問題或許與王老師當時所面對的挑戰有所不同，但相較之下，我們今天處理問題的條件與工具顯然要勝於過去。儘管如此，我們卻心餘力絀而讓社會經濟情況不斷的惡化。過去曾與王老師談話，他其實對臺灣當前面對的困難十分明瞭，我相信他應會很急著想說：「你們這些後生晚輩要加油，大家應有『政治家』的胸懷與格局，拋棄成見為國效力，千萬不要辜負國家過去對你們的栽培！」

註一 民國四十二年以降，國發會(過去的經建會)共推動了十一期的國家(經濟)建設中期計畫，第十二期改稱「跨世紀國家建設計畫（民國八十六至八十九年）」。隨後政府經建計畫改為「新世紀國家建設計畫」，共執行三期。民國一〇二年起，配合經建會改組成國發會，四年計畫名稱變更為「國家發展計畫」，而國家建設計畫則隸屬於「總體發展篇」。

《看見那些年我們創造的臺灣經濟奇蹟》王作榮撰

I 臺灣經濟發展之路

II 我們如何創造了經濟奇蹟

I 臺灣經濟

發展之路

對臺灣經濟發展的觀察與分析，根據國家的經驗，落後國家所謂經濟發展問題，實在並非是經濟問題而是一個政治問題；再深一層觀察，則並非是一個政治問題，而是一個文化問題。

I 臺灣經濟發展之路

一、我寫本文的動機

我出身農村，家庭富裕，兒童時代有免於匱乏的自由。但我的鄉黨戚族則窮困不堪，終年辛勤工作，都難得一飽。每屆嚴冬雪大，野蔬落葉難覓之日，即為他們斷炊之時。十室九饑，慘不忍睹。雖然生生不絕，而由於饑餓，疾病，瘟疫，死亡亦相繼。民國二十年一次大水災與大瘟疫之後，我兒時遊伴死亡略盡。對於這種悽慘遭遇，我隨著我的戚族和家人，一律歸之於不可改變的命運。後來年事稍長，進入大學，由於接觸現代知識，我才知道這種命運是可以改變的。祇要有人在選種，施肥，栽植，防治病蟲害等方面略加指導，將幾千年祖傳方法稍為變動一下；祇要利用農村剩餘勞力，做一點比較合於科學原理的防洪排水工作，做一點改善道路和運輸工具的工作，並不需要大量資本和大量技術，便可使農村收入增加一倍以上。祇要幾支防疫針，幾顆奎寧丸，幾粒消炎片，便可挽救無數的生命。

這時，我自以為得到了改善這些善良人民的生活之道，便不免有慨然登斯民於衽席之志。不料大學畢業之後，沿門托缽，才謀得一噉飯之地。就這沿門一托缽，青年人的一點銳氣和自負便告掃地以盡。

而這一噉飯之地維持 小家庭溫飽都難，那有能力登斯民於衽席。祇好壯志全消，將大好生命浪費在等因奉此，柴米油鹽中了。大陸沉淪之後，我的這些戚族音信全無，生死不卜，連見面都難，自然談不上改善他們的生活。我如今已是望五之年，縱然今日就勝利回鄉，在我有生之日，也難望實現我的願望。在這一方面，我早就預備齎志以歿。然而有一點我始終念念不忘，那即是牧民之官如果具備一點現代知識和革命精神，要改善人民的生活是容易的。但是要有現代知識，要有革命精神。當然，我所謂的革命精神並不是我兒童時代所常做的，手拿紙旗一面，口喊打倒某某的口號，而是勇敢的擺脫傳統，勇敢的接受新事物，和勇敢的採取行動。在這些行動過程中，有些什麼需要打倒，就勇敢的打倒，無所瞻徇。

來到臺灣以後，我曾兩度奉派出國參加國際性的經濟發展研究機構，一次一年，一次半年。每次都有二十幾個國籍的人參加，差不多是一個小型的聯合國。這些異國同學，雖然各人地位背景不同，但有一個共同的特點，那就是他們都對他們的國家前途和個人前途，充滿了信心與驕傲，個個雄姿英發，氣勢逼人。我雖然也願意對我的國家和我個人前途充滿了信心與驕傲，但人畢竟是現實的居多，我們一島孤懸，我有什麼辦法使別人分享我的信心與驕傲呢？祇好悶在心中，孤芳自賞。我真不知道人生還有比這種孤芳自賞更難過的事。在學業既成，大家握手言別的時候，他們都欣然整裝，預備回國用其所學為他們的國家和人民服務。我呢？我的完整的國家在那裏？我年輕立志要為他們服務的人民又在那裏？杭州雖然也是我們的國土，但究竟不是汴州，我又怎能，也怎忍錯把杭州當汴州呢？面對我的這些異國同學，我祇有黯然低頭。

我的這種背景和經歷，激發了我要為國家和人民做一點事的意願。縱使是暫時困守臺灣，我也願見有一個現代化的臺灣。使我們在這一部份國土的同胞能有像樣的生活；使臺灣在所有友邦人士的眼中，是一筆重大資產，而不是依賴外援的負債；在所有敵視或輕視我們的人的眼中，是一個值得重視的力量，而不致無視我們的存在。根據我有限的知識，我認為做到這一點並非難事，如我在前面所說的，既，不需要大量金錢，又不需要高度技術，祇在我們的一念之轉而已。

在這一信念之下，我在四十二年有幸遇見一位思想開明，態度積極，而又公忠體國的長官，於是我便盡我所知貢獻出來。我經常在討論，建議與公文中，改正流行的錯誤觀念，指出若干措施的不當，要求採取必要的政策，建議改革路線，策劃發展方向。我很欣慰，經過十多年的努力，我們社會對經濟發展，對財經政策的認識，都能遠較四十二年以前為清楚；我更欣慰我的許多想法已經付諸實施或正在實施中。但這是一個對傳統，權威，和落後的挑戰工作，我的作為容易使人嫉視，而我個人也終日在焦急，失望，憤激，和疲倦中過生活，超過了我身心兩方面的負擔。現在我的那位長官已不幸謝世，也應當是我退下來的時候。同時，我的年齡與忙碌工作已使我在知識上逐漸落伍，不容許我再繼續下去。為了我的晚年打算，為了公共利益，我也當從現在的工作退下來，讓衝力還沒有消失，知識還沒有開始落伍的年輕一代去接替。所以本文是一篇移交報告，將我認為應當繼續促起大家注意的，應當繼續勸告政府採取行動的項目，開列出來，便利接替的人展開工作。同時也是我十多年在這一方面為國家服務的總結。一個人一生並不能做多少有意義的事，我很欣慰我已在默默無聞中做了一點有意義的工作，我總算沒有辜負國家和社會對我的培養！

最後，有一點我要申明的，是作為一個讀書人，我要對我知識上的良知負責，這是我一貫的態度。因此在本文中，我無意於故意的冒犯任何人，我也無意於故意的避免冒犯任何人。我希望受到冒犯的人三復我所說的話，如果仍覺得我是在故意的冒犯，那麼我知罪了。

二、現階段經濟發展的盡頭

無可否認的，自三十八年至現在，臺灣經濟有長足的進步。雖然對於每年的成長率有多大，各方意見不一，難得定論，但惡性通貨膨脹已完全置於控制之下，人民生活日益改善，出口大量增加，都市化大規模進行，都是具體的進步指標。造成這種進步的因素是多方面的：

（一）日本人所奠定的基礎，特別是在電力、交通等公用事業，農田水利與農業發展制度，自然資源的規劃利用，教育，衛生等方面。換句話說，一個落後地區從事經濟發展的一些起步工作，日本人都做了。我們批評日本人農業臺灣，工業日本，是一句不負責任的口號，是不公平的。但日本人也為臺灣留下了一個壞影響，那便是政治上與社會上對殖民地的差別待遇，對臺省同胞在心理上有嚴重打擊，影響他們的公共生活。這種不良影響恐怕要用一代以上的時間去消除。

（二）政府的領導和推動，以及政府對經濟的比較重視。這是與我們在大陸時代主要的不同之點，也是外國人所極為欣賞的一點。雖然在他們的眼光中，我們距離他們的標準還很遠。在這一方面，故尹仲容先生的功勞是不可磨滅的。他實是推動臺灣經濟發展和經濟改造的基本動力，我們社會不應該就這樣快的埋沒掉他的功勞。臨陣思猛將，我們以後還會有想到他的日子。

（三）大陸遷來臺灣的一批企業人才和少數資金，特別是前資源委員會派來的一批工程人才。這些人正好接替了日本人撤走的空缺，成為維持和發展臺灣工業的主要力量。現在已有後繼無人之感。

（四）本省同胞的刻苦耐勞，和比較容易接受現代的企業觀念，及農工各方面的生產技術（這與教育普及有關），構成了經濟發展的基層力量。本省也有一批頗具現代企業頭腦的工商領導人物。將來的臺灣經濟發展，對於這兩種人的倚重都很大。

（五）本省幅員小，各地發展程度相差有限，經濟發展易於推動，而且少牽扯顧慮。同時，政治及社會穩定也是重要因素。

（六）美援，在過去的經濟發展中，美國友人不僅給與我們平均每年約一億美元的資金上的援助，成為穩定經濟，促進投資，和改善社會環境的重要力量之一；而且依據條約上的規定，也給與我們在政策上和實際行動上不少的忠告與督促，他們實不愧為我們的益友。

在這些有利的條件湊合之下，我們的經濟雖有快速的發展，但仍未脫離落後形態。或者套一句流行語，尚未起飛。我們且看下面的事實：

（一）農業是我們過去十四年最具成就的一個部門。雖然日本人在這一方面奠有很好的基礎，特別是在教育普及與交通便利方面，使最保守的農民比較容易接受現代農業知識和技術；但如果沒有負責發展的機構農復會的領導，策劃，推動，並以工作熱忱和與農民密切接觸，取得農民的信任，則臺灣農村所具備的有利條件——教育普及與交通便利，便無法發揮其效果，而農業也就不會有現在的成就。不過，由於一般經濟環境的限制，過去農業發展主要的路線是選種，施肥，輪灌，間作，防治病蟲害及在森林漁業方面的簡單改進，這些都是一個現代化的農業所必經的階段。但無論在生產技術，單位規模，組織，銷售，乃至意思形態上，都不是一個現代化的農業，則是無可否認的事。在現狀之下，臺灣農民的生產力、所得和生活水準絕對屬於落後型態。

（二）工業的發展甚至較農業更快，但主要限於兩個部門：農業加工與進口代替品。前者是落後國家的典型出口品，算不得真正的工業產品。後者則以滿足國內市場為主要目標，無須在國際市場上競爭；同時在高度保護之下，也不怕外來產品在國內市場競爭。最近兩三年工業產品的出口雖有增加，但多屬於遊擊性的，並需要國內各種直接間接的補貼，並不能在海外建立穩定正規的市場。在這種情形之下，所發展的工業便不需要考慮到品質與成本的問題。於是所有管理，技術，推銷，企業組織都可因陋就簡，形成一個落後的工業。這還是就比較初級的工業而言。至於高級工業，則尚在開始階段。

（三）過去重大投資的資金，多來自美援，從沒有採取嚴厲的方法以降低人民生活水準，或阻止生活水準上升來籌集資本，也沒有透過正常籌集長短期資金的機能來融通產業，運用現代財金工具以穩定和發展經濟的情形也不多，所以沒有能發展出一套複雜的財政金融政策，和健全的財務（包括預算）行政以及現代的金融組織。換句話說，我們的財務行政與金融組織都不能適應現代經濟的要求，我們的財政金融政策與經濟活動的關係，遠沒有進步國家那樣密切。同樣落後的情形還有貿易與商業，對於現代的市場研究，推銷技術，還沒有欣賞的能力，不要說實行了。而所有這些因素都與經濟發展有密切的關係，他們是經濟發展的結果，也是助長經濟發展的原因。在一個落後的經濟社會，如果不採取主動使其成為助長經濟發展的原因，便會成為阻礙的因素，延滯經濟發展的進度。

（四）從經濟發展的觀點看，我們的行政，立法，社會等各方面，都是落後的，尤其是我們還沒有形成一個領導階層，足以領導經濟的全面發展。關於這些方面，以後我們還要提到。

從上面的敘述，我們可以得到幾個肯定的結論：（一）我們仍是一個落後的經濟，在進步經濟中不能有我們的地步。（二）過去的發展都是走的簡單容易的路，沒有下硬工苦工，這種發展經不起考驗，這種經濟經不起風浪。再加上沒有深厚的自然資源，沒有高度的技術涵養，便形成了故尹仲容先生所說的「淺碟子」經濟。由於臺灣幅員小，這個碟子不但淺，而且小。（三）既然是淺碟子，就易滿易盈，換句話說，發展前途有限。（四）既然是淺碟子，就容易枯竭。照目前人口快速增加，外援將停，而公私消費不斷提高的情形下，如果沒有進一步的發展，三、五年的時間就可使經濟往下沉，沉到難以維生的境地。

事實上，臺灣經濟照目前的發展方式已經到了盡頭，簡路已經走完了。再沒有不要重大投資便可大量提高生產的農業資源，再沒有因陋就簡，在保護之下大量發展的工業。換句話說，照目前的方式已經找不到有利的投資機會；這個局面已經不能容納更多的資本和人力，也談不上繼續提高生活水準。這個淺碟子已經滿了，下一步是讓這個碟子枯乾，還是換一個比較更深的碟子。枯乾是一件容易做的事，但是我們所不願的事；換一個碟子則是我們所願做的事，但是一件艱難的事。我所謂艱難是因為：

（一）三十八、九年我們開始臺灣經濟重建與發展的一些有利因素，有的已充份利用，如日本人為經濟發展所做的起步工作，大陸遷來的資本與技術人員；有的正在消逝，如外援，如三十八年撤退來臺痛定思痛的一股振奮之氣所產生的政府領導和推動。

（二）自然資源太過缺乏，而人口增加則太快。

（三）進一步發展所需要的資本，技術，組織，與管理，與現有的雖有連續性，但性質規模將有很大的差異。與這種發展相配的金融組織，貿易與商業技巧，都付闕如。現有的不能適應新的需要。

（四）現有的傳統觀念，政治風氣，經濟制度，都不足以使經濟作進一步的發展。

根據上面分析，顯然的要換一個比較深的碟子，要使臺灣經濟更上一層樓，勢必要付出遠較過去為大的努力與犧牲，在某些方面勢必要澈底改弦更張。這是一個嚴肅沉重的工作，也是關係我們未來若干年命運的工作。朝野上下應給與極端的重視，並立即採取行動。

三、需要政治家與革命精神

根據我對臺灣經濟發展的觀察與分析，根據其他落後國家的經驗，落後國家所謂經濟發展問題，實在並非是經濟問題而是一個政治問題；再深一層觀察，則並非是一個政治問題，而是一個文化問題。在現代的經濟知識與技術之下，我可以斷然的講一句，沒有不可解決的經濟問題。但一牽涉到政治與文化，那就幾乎沒有可以解決的經濟問題。文化在無形中支配人的意識與想法，由此再無形的支配人的決定和行動。這決定和行動也許完全違反經濟發展的要求，但作決定和行動的人並不自知，視為當然。例如我們從小便被教導服從尊長，膜拜祖先，效法往哲，和如何接受領導，因此便喪失了獨立思考，獨立判斷，和獨立行動的能力。一切行事，不是服從尊長指示，便是遵守祖宗遺規。試想這樣如何去開基創業，如何去革新求進。這種無形中受文化支配的例子，讀者可從下文中隨時看出。

因此經濟發展需要政治家。我們需要少數的政治家，本身能擺脫文化傳統的約束，瞭解世界的潮流，構成一個集團，一方面移轉社會風氣，一方面建立必要的典章制度，規劃一個有效率的具備現代知識與技術的行政系統。日本明治維新就是這樣成功的。我無意於輕視我們的文化傳統，我們的文化自有其優點，在一個農業社會和靜態社會，牠可能是最優秀的文化，牠使我們過了幾千年聽天由命的安靜生活，雖然飢餓殺伐不絕於史。但至少在現階段，進步（也許是退步）與工業社會分不開。假如昧於現實環境，死守自己的文化傳統一成不變，排斥外來文化的衝激，則構成文化主體的這個民族都將不保，自難望自己的文化能維持下去。我們務必要記住我們不變，別人在變，終有一天情勢會逼著我們變，或者滅亡。

我所謂的政治家，除了前面所說的本身能擺脫文化傳統的約束的條件外，還至少要具備下列二個條件：

（一）政治家必須要有抱負，有原則。這樣一旦任公職後便會有目標，有政策。有目標，有政策，才能有責任感，有榮譽感。然後才能產生勇氣和決斷，才能為抱負，原則，政策，目標而奮鬥，才能雖千萬人吾往矣。才能在某種條件之下可以上臺，在某種條件之下斷然下臺。而惟有具備這種條件的人，有足夠人數。形成一個領導集團，才能談落後國家的經濟發展。

(二)政治家不但能看出有形的利害，尤其要能看出無形的利害；不但能看出目前的利害，尤其要看出長期的利害；不但能看出局部的利害尤其要看出整體的利害。

我現在舉一個例，以說明政治家與一國經濟施政的關係。我國中央銀行隸屬總統府。設計者的原意在使中央銀行有獨立性，可以對抗行政當局的壓力，有獨立的金融政策，保持金融的穩定。設想週密，用意良善，實在是一個很好的制度。不料抗戰軍興以後，由於支出浩繁，不得不要求中央銀行墊款。為了方便起見，乃由財政部長兼任中央銀行總裁。這一兼任，使當初建制精神為之破壞無餘，比中央銀行隸屬於行政院更壞。當時想出這種辦法的人當然是聰明人，他在不違背法令，不變更組織之下，輕而易舉的解決了政府支出問題。但是他何曾想到在中央銀行變成財政部的出納室兼印刷廠的後果，是惡性通貨膨脹，是全國有知識的中產階級的消滅，是軍政雙方的惡化，終於毀滅了社會穩定的基礎，動搖國本，而播遷來臺。假使當初財政部長不兼中央銀行總裁，而中央銀行總裁又是一位政治家，把住金融這一道關口，不肯無限制的供應財政部的需要，迫使財政部長在摜紗帽與裁減機構，緊縮開支，整頓稅收，舉辦內外債，清理國家財產之間有所選擇，當時也許對軍政雙方多有不便，甚至以影響前方作戰為要挾，但無論如何不會有今天的局面。這就是當時財金兩方面沒有原則與政策，就是看不出通貨膨脹的無形利害，長期利害，和整體利害，而祇注意到了因應戰時支出的有形利害，目前利害，和局部利害的結果。也許有人會問，這樣做中央銀行總裁便不能保持其地位，這就要看這個總裁是否是政治家，能不能犧牲職位以維護自己的政策了。

落後國家的經濟發展，實際上是一個文化，社會，政治，經濟的大變革，變革的程度祇有用革命兩字才能表達牠。這就是十八世紀下半葉到十九世紀上半葉，英國經濟的大變革，經濟史家稱為工業革命的道理。這種變革會改變個人的觀念，想法，生活習慣，家庭結構，進而至於社會風俗，政治制度，經濟組織。很顯然的，這種變革要使多少人感到不便利，看不順眼，侵犯多少人祖傳若干年的既得利益，消滅多少人的現存特權，動搖多少人的社會地位和權威。這在一個有悠久文化傳統，停滯了多少代都沒有進步的社會，該是一件如何困難的事。要完成這種變革，如果沒有豐富的革命精神，如果沒有天地不足畏，祖宗不足法，人言不足恤的氣魄，如何辦得了。其實，這種革命精神何止在落後國家需要，進步國家同樣需要。現在的世界無時無刻不在變化進步之中，領導進步固不必論，就是要跟上進步，也要時時警覺，時時變化，時時適應。稍一疏忽，稍一留戀過去的光榮與傳統，稍一守成不變，便落後了。現代的工業社會，就是一個動的社會，沒有成規，沒有守成這一類的觀念。這些觀念都祇能存在於農業社會。在工業社會，守成就是落伍，淘汰，滅亡。祇有農業社會喜歡講求蕭規曹隨。工業社會根本沒有蕭規，那能曹隨。

也許是我的一種錯覺，也許是我不知實情，我總覺得我們這個社會瀰漫了一種「祥和之氣」，「不得罪人」成了一個主義，一個信仰，並且已經變成了一種力量迫使大家都這樣做。不肯說一句真話，不肯做一件認真的事，更不肯碰一個人。這豈止不能適應經濟發展的要求，也不能適應我們反攻復國的基本國策。我個人曾經擔任過一個經濟研究單位的主管，以正常的態度，說真實話，寫真實報告，提真實建議，用該用的人，拒絕應拒絕的人，開掉應開掉的人，結果在祥和之氣的大氣氛下，反被認為不正常，焦頭爛額之餘，祇好和氣生財。但是一個社會沒有幾個人這樣做，風氣如何變的過來，風氣變不過來，維持現狀都不可能，如何談發展。

政治家的遠見與領導，以及全國上下，特別是領導階層的革命精神，實是經濟發展的必需條件之一，不具備這種條件，落後國家的經濟斷然發展不起來。這比外資，技術等等不知道要重要多少倍。

四、先從行政改革做起

我在前面說過，經濟發展須要規劃一個有效率的具備現代知識與技術的行政系統。在未說到如何達到這一點以前，我要先敘述一點現狀。我們行政現狀不能令人滿意，這是無可否認的事。不能令人滿意的原因主要有三點：

第一個是效率低。有些中央與地方政府機關，到處都充滿了人員。但這些人員或則根本不上班，或則上班不做事，或則全年出差，凡此都是親眼所見或親身經歷到的。以致人員雖多，但做事則很少。我們公務員的待遇與全世界各國比較，可能是最低的國家之一。但我們的公務成本（即辦一件事所需要的開支），則可能是最高的國家之一。形成了最低的待遇，與最高的公務成本。我們有些政府機關一個公務員全年的待遇，可能祇有五百美元，但一年可能祇作一件像樣的公務（可能一件不做），則這件公務的成本便是五百美元。其他國家一個公務員每月的待遇可能就有五百美元或更多，但如每月辦二件像樣的公務，則每件公務成本便祇有二百五十美元。

第二個是操守，我們時常在報上看見貪污案的揭發，而社會傳聞的則更多。被揭發的案件，多是當事人服刑數年，即可享受貪污成果。與貪污案有關的直屬長官，會計機構，審計機構等都可無事。這對於所有政策的推行都是重大阻礙，不僅限於經濟發展。

造成以上兩種現象的原因很多，而公務員待遇低並不是惟一的原因。公務員待遇增加十倍，這種現象也不會革除。主要原因有：

（一）工作與報酬脫節：公務員之所以支領薪水，並不是因其具有公務員身份，而是因其以公務員身份辦了公務，作了工作。所以對公務員的報酬，必須以其工作為標準。政府有工作要做，然後任用公務員。公務員辦了這個工作，於是給他相稱的報酬。但目前的情形是祇要有可能，就儘量派用公務員，祇要是公務員，就給與報酬。公務員太多，預算太少，於是大家少拿一點。至於工作不工作，報酬與其工作貢獻相稱不相稱，則非所問。因此，一個人百無一用，於是找個公務員當當；某人辛苦多年，給他一個位置酬庸一下；家用不夠，要太太去掛個公務員名義；長官體恤僚屬，派他太太做個公務員；某人死了，身後蕭條，叫他兒女或太太當個公務員，繼續支薪。工作與報酬完全失去了聯繫。如此，公務員位置及報酬便變成了救濟性的和酬庸性的。於是政府決策階層核定待遇，其中心觀念不在給與公務員以適當工作報酬，而在維持其最低生活；不在激勵有能力及勤奮辦事之公務員，而利益均霑及求救濟之普遍與平均。在公務員方面，待遇既屬救濟，而且利益均霑，與工作無關，則必然祇爭多少，不問工作。古今中外，從沒有領救濟金而能有優良工作表現者。如此國家名器及俸金成為救濟與酬庸工具，那能希望有行政效率，那能希望公務員尊重本身之職守。

這又使我想到了農業社會文化與工業社會文化的區別。農業社會的生產係以家為單位，個人無獨立人格，為家而生存。維持家這個生產單位的工具不是法律，而是血統關係與情感。權威與隸屬關係源於血統，要父慈子孝，要兄友弟恭。在這一種氣氛之下，自然培育出一種救濟與賞賜的觀念。施行救濟與賞賜的人認為是一種義務，是一種長輩情感上的滿足。被救濟與賞賜的人則認為是一種自然的權利並不產生感激念頭，亦不覺得羞恥。兒子不肖，請爸爸救濟；弟弟不肖，請哥哥救濟，有什麼不對！而工業社會則是工作與報酬，有工作才有報酬，什麼樣的工作，什麼樣的報酬。農業社會的這種觀念，擴大的應用，便是扶危與繼絕：祇要是存在過的東西，就要讓牠繼續存在，繼續存在的惟一理由，就是牠已經存在了。因此我們對於經營不善的公民營企業，對於毫無存必要的機構，都要以扶危繼絕的精神，使其萬古常存。而工業社會則是競爭與淘汰，物競天擇，優勝劣敗，無所用其憐恤。救濟與賞賜，工作與報酬；扶危與繼絕，競爭與淘汰，何者消滅人的鬥志，摧毀企業精神，養成依賴疲懶拖混風氣，何者激發鬥志，振奮企業精神，養成獨立勤奮實幹風氣；何者阻礙經濟發展，何者宜於經濟發展，一望而知。我常靜觀我們這個社會，充滿了「救」的觀念。救國，救民，救難胞，救忠貞人士，救工商業，救同鄉，同學，親戚，部曲，有時還要救世界，救人類，一片施救與求救之聲，而天下事一到了救的程度，便無可觀了。假如將「救」換成自立，奮鬥，創造該多好。

（二）任免及考績不合理：如研究若干國家以及中外民營企業，其效率何以高，必可發現一共同之特點：即用進一人很難，而開革一人則易；工作成績優良者必獲升遷，而成績低劣者必予懲處。但我們現在的情形則相反，用人極易，開革極難，考績則輪流分配甲等。人員一經任用之後，便成終身職，按月支領救濟金，直至老死為止。機關首長無法將其免職，亦不願在此亂世得罪人，去取銷別人終身接受救濟的資格。如用進一人難，則無論其人之資格能力如何，必然珍視其職位；開革一人易，則必然隨時戒慎恐懼。如賞罰分明，則得賞者必以為榮，而受罰者必以為恥。珍視職位，並以得賞為榮，可以使人自動努力工作；戒慎恐懼，以受罰為恥，可以迫使人工作。今如反其道而行之，得一職位極易，則不必珍視其職位，最多感到已名列救濟，終身衣食無虞而已。失一職位難，則人人有所恃，公可以不辦，長官命令可以不聽。至於考績，則坐待輪次，無須努力工作以求爭取，且爭取到手，亦非榮譽。如此，誘使公務員自動工作的辦法沒有，迫使公務員被動工作的辦法也沒有，行政效率如何能提高？

除了上面所說的效率低和操守問題外，影響行政不健全的因素還有第三個，可能是最重要的一個，那就是很多公務員缺乏他所經辦的業務的現代知識。一般對政務官的要求是智慧，經驗，器識，和判斷，但不一定要具備他所主持機構的專門知識。不過，他左右的幕僚和負政策執行責任的官員，則非要有現代專門知識不可。這些官員沒有現代的知識，決不能構成一個現代的政府，沒有現代的政府，決不能處理現代的經濟事務。然而根據我與許多機關公務員接觸的經驗，其對所經辦業務現代知識的缺乏，實令人驚異，根本沒有共同的常識基礎，從事他所主管業務的討論。這些官員上班等因奉此，在公文中表演推、拖、扼、整等絕技，下班則麻將應酬。而由於本身無現代知識，一方面便形成了一個「幫」，採取互相援引，共同防禦的政策，以維護既得地盤，使新人無法進去；一方面則產生一種自卑感，於是拒絕接納外人的意見，拒絕現代知識的吸收，動輒以這是我的主管範圍來阻塞改進，並因此影響執行公務的態度，產生我就是不買你的帳的心理。因此有些事別人不問，或許還有萬一機會改進，別人一問，這萬一機會也可能消失了。從這些人身上，我才了解抱殘守闕和故步自封的真義。這是經濟發展的一個嚴重阻礙。現代知識比革命精神更重要。沒有現代知識的革命精神的結果，是蠻幹和盲幹，糾正蠻幹和盲幹的不良影響，又得用大量的人力，物力，和時間。

關於缺乏現代知識的情形，我可以從會議中、報告中、文章中、實際作為中，舉出無數的例證，但為了我個人的處境，祇好不提。我們並不需要每一個官員是專家，我們也不需要回到我國傳統的「學者政治」。但一個官員對其所經辦的業務，應該具備一點常識，應該有了解和接受別人所提關於他主辦業務的意見的程度，應該是起碼的要求。如果不具備這一點條件，政府能現代化嗎？政府不能現代化，經濟能現代化嗎？

針對以上情形，我提出下面的建議：

（一）調整公務人員待遇（包括軍人），特別是中下級公務人員的待遇。在調整待遇時，有兩點必須要做到：

1待遇高低並無絕對標準，但必須要能維持接受待遇者的社會階級身份和尊嚴。每一個中下級公務員，都有他們的社會階級身份和尊嚴。如果待遇太低，不足以使他們維持應有的水準，則他們便會感到難過，憤激，消沉，便不能負責執行所賦予他們的任務。當一個中下級的公務人員的收入不及一個三輪車夫或一個擦鞋童的時候，在中國這種社會，他們如何能以自身是國家的公務員，而感到職務上的驕傲和尊嚴。他們對他們的職務不能感到驕傲和尊嚴，如何能希望他們盡忠職守，有責任感。傳說抗戰期間在重慶常以罰你下一輩子再做公務員為罵人語，這雖是一句傳言，但這句傳言所表現的憤激，輕視，和由是而產生的消極，不負責任，未嘗不是我們遷臺的主要原因之一。降低社會階級身份，打擊階級尊嚴，在全世界所有的民主與集權國家，都是一件嚴重的事，必然會產生不良後果。

在待遇調整之後，應取銷所有文武官員的特支費和其他類似的待遇，這些最足使人產生公私不分的觀念。同時也要取消許多福利，和許多特殊的辦法，要站在維護國家和政府利益的立場，以政治家的識見和氣量，對這些辦法加以坦白的檢討，勇敢的取消。我們總有一批人想出一些不可思議的辦法來，這些辦法常不顧法律、制度、公平等因素，而這些因素卻正是維繫社會秩序，鞏固政府基礎的主要工具，這些問題都有正常途徑解決，為什麼捨正路而不由。請記住，任何局部的問題，無論其重要性如何，都不能以特別辦法來謀求解決。以特別辦法來解決問題，並不是真的解決問題，祇是推向別的地方，為政府帶來更多的問題和困擾。這對國家的損害更大。這種損害也許是無形的，在短期間感受不出來。但損害終是在那裏，遲早會產生結果。能看出這些，便有賴政治家了。

2要消除救濟意識，建立工作與報酬的觀念。僅是提高待遇，祇不過供養一批席豐履厚，優遊歲月的社會寄生者而已，並不能鼓舞工作精神，提高行政效率。要做到提高行政效率，必須要消除救濟意識，建立工作與報酬的觀念。這得要從公務員任免、獎懲、升降、退休等方面，建立一套完整制度著手。我們本有一套制度，完整與否是另一件事，但從未認真執行，從未受到重視。因此，我要建議下列幾件事：

(1)以三十八年底整頓來臺軍隊的精神，對所有行政及司法機關，包括省縣級在內，加以整頓，並裁併不必要的機構。將現有公務員分成兩組：一組留家待命，相當於軍隊的假退役，照現支薪津折扣後支領待遇，以後不得調整增加。這種待遇性質為救濟，以維持最低生活為原則。如要改善生活，他們可自己去努力。另一組則為辦公之公務員，其待遇應提高，並按工作性質及職務予以較大之差別待遇。凡退休，假退休者，除規定之給與外，不得再以任何方式自公庫支領薪津。我們知道為了加強軍隊的作戰力量，在萬難之下，進行大規模的退役和假退役；那麼為什麼不知道為了加強行政效率，也在萬難之下，進行大規模的退休和假退休呢。作戰力量與行政效率對國家的重要性完全一樣，不過前者是有形的，而後者是無形的而已，我深知辦理文官退休和假退休是一艱難的工作，但除此以外，實在別無善策。

(2)對於有些地位高而工作與能力不相稱的公務員，如已屆退休年齡，應請其退休並應按月給與退休金，如未屆退休年齡者，或請其假退休，或在總統府或行政院下設立專門機構安置，千萬不要散置於各個機構，虛領首長，副首長，顧問，理事，董事之類的頭銜。因為這樣做還是國庫付錢，對政府負擔祇有加重，並不能減輕一分一釐，僅是負擔的機關不同而已。但卻發生很多其他的不良影響：（甲）這些奉派的人由於年齡、學識、能力、興趣，已不宜於擔任所奉派的工作，但卻佔著職位，妨礙適宜的人去擔任，因而推不動工作。（乙）基於（甲）點理由，使這些奉派的人以及所在機關的全體員工，都有了一種救濟的感覺，建立不起工作與報酬的觀念。（丙）由於以上二點，對奉派的人是一種精神上的痛苦。（丁）對於所在機關首長正好是一個效率不佳的藉口。例如派了一大群顧問到某公營事業，則該事業的主持人便可振振有詞的說：「我的公司之所以辦不好，就是因為上頭派來了大批顧問，增加了我們公司的成本，降低了工作效率」。儘管知道他是在推卸責任，但我們能反駁他嗎？反之，假如對這些人或循正常退休途徑辦理，或另設專門機構容納，對所有其他機構的正常組織、人事、與業務都不干擾，而對國庫負擔並不增加，對當事人利益並不損害，那麼為什麼不可以改變過來呢？

為了這些退休和假退休公務員的福利，我還要進一步的建議：（甲）如前所云提高公務員的待遇，使其平時有所儲蓄。而且這種待遇應是現金。我不主張壓低現金待遇而以許多不適當的「福利」來抵補，結果使整個社會對公務員的負擔遠大於公務員的實際所得。（乙）所有退休和假退休的公務員都應按月給付退休金，其數額以能維持起碼生活，不虞凍餒為限（當然可按階級有所差別），並不得一次領取。這些人如要改善他們的生活至退休金所能供給的以上，則祇有平時多儲蓄，或退休後尋求非政府機關的工作。（丙）設各種技藝訓練班及升學補習班，免費教授各種技藝及升學課程，以彌補因服公職所受之損失。（丁）設立職業介紹所，免費介紹職業，以彌補因服公職而與社會失去之職業聯繫，但不能硬性安插。（戊）設立企業經營指導所，免費協助組織農工商生產單位，給予技術上及法律上之指導，但不能要求任何特殊權利及待遇，所有經營方式完全照民營事業依法進行。（己）協助籌集生產資金，為資金融通之擔保人，但須循正常資金融通途徑，並照一般貸款人支付利息。

在以上這種安排之下，一方面顧到了退休和假退休公務員應享有的權利與基本生活需要；一方面可協助他們完全以平民身份，與平民從事公平競爭，憑一己的努力，謀求生活的改善與事業的發展。這無論對社會對個人都是有益的。

（二）**提高公務人員素質**。現代知識的重要與缺乏，前面已經提到過了。我常發奇想，假如政府招考二十五歲以上三十五歲以下之大學畢業生五百人，包含政府各部門所需要之各類人才，在國內予以一年之預備出國訓練，再送至國外接受專門教育與訓練三年，然後回國派充各單位中級主管，一方面服務，一方面作為其首長之顧問，並訓練下級幹部，則豈不整個行政機構便可現代化了。中央一個部平均不會多過十個司處，如一個部有十個司處長都具有現代知識，試想情勢能不完全改變，如再加上二個次長那就更好了。在國內預備階段之費用不計，在國外三年連同往返旅費，每人以八千美元計算，共計四百萬美元。以四百萬美元之代價而使全國中級公務員都具有現代知識，整個行政部門都現代化，世上還有比這種投資的報酬更大的投資嗎？

上面的想法雖是奇想，但如仔細思考一下，便可發現其中不無真理存在。不過這究竟祇是救急的辦法不是培養公務人才的正常途徑。關於公務人才的儲備與培養，我國歷代都很注意。例如清朝的翰林院，便是政府高級官員儲才養才之所。其選拔之嚴格，訓練之慎重，實令人歎服。可惜「舊業已隨征戰盡」，我們這一套優良的舊制度早在干戈擾攘中失去存在，而新制度則從未建立。我們雖遵奉國父遺教，設有考試院，舉辦高等考試，又有各種訓練機構，然已非復舊日精神矣。我遍查現有政府各機構，甚至包括執政黨的機構，實在找不出足可與遜清翰林院媲美的儲養人才之所。求之於行政機構，沒有；求之於立法機構，沒有；求之於政府高級官員參與密勿之左右人員，沒有。一個國家對於其官員，無完善的儲養人才之所，如何能希望其官員具有現代知識，如何能有高品質的官員。

由於這一點，使我想起了國防研究院。我建議該院改個名稱，仿照遜清翰林院的辦法，變成一個政府的儲養人才的常設機構。以嚴格的高等考試招考政府所需各類人員，進入這個機構從事研究，研究期間無限制，視政府要與研究人員個人情形而定。並儘可能將成績優良者派往國外進修。政府如有高級職位出缺，即由這些人遞補，除此以外，別無用人來源。這個機構直屬總統府，主持人和每年考核的總考官都由總統擔任。至於現在國防研究院所辦的研究，可作為這個機構的附帶業務。或在這個機構設立一個公務員進修部門，使服務若干年之公務員回來進修一年或二年。除此以外，我還建議在立法院設龐大的研究機構。

五、財政與金融的改造

假如我們的決策階層官員具有政治家的才識，並具備革命精神；政府一般官員都有高度工作效率和現代知識。在這種情形之下，非經濟的阻礙經濟發展的因素差不多都消除了，我們再來看如何從經濟方面推動經濟發展。由於財政與金融的特別重要，我們先從這一方面說起。

財政與金融是政府執行經濟政策，控制全國經濟活動的兩把巨鉗。這對於自由經濟國家固然如此，對於集權國家也是一樣。不要以為蘇俄的一切經濟活動都是直接的行政管制，相反的，她仍是在大量運用這兩把工具，指揮操縱。至於自由經濟國家，則更是最重要的工具。這兩把工具不現代化，經濟決不可能現代化。試想沒有現代的財政與金融工具，如何能夠保持經濟的穩定，在蕭條的時候，如何使牠恢復繁榮，在過度繁榮時，又如何能阻止膨脹趨勢；在平時，如何能控制經濟活動的方向，使符合國家的經濟政策與計劃，如何能動員國內的人力物力，加速經濟的成長；在戰時，又如何能動員人力物力，去為戰爭求取勝利，如何能做到為了爭取勝利而民窮財盡，但仍能保持經濟秩序；政府如何能平均社會財富的分配，防止財富的過度集中；如何能造成一個福利的國家而從根戰勝共產主義。或者總括一句吧，如何去實現民生主義。

不能有效的運用這兩種工具，政府要想控制經濟活動，執行某種經濟政策，便惟有仰賴直接的行政措施，而用直接的行政措施問題便大了。直接行政管制當其認真執行時，毫無彈性，給與需要很大彈性的經濟活動以最大的阻礙。讓每一個有關的人和有關的企業都受到損害。當執行官員上下其手時，又變成彈性無限大，比沒有管制要壞到不知多少倍。而且直接行政管制任是如何嚴密，總不足以應付千變萬化的經濟環境，總是漏洞百出，而且愈補愈漏。最後是法令多於牛毛，而整個經濟則形成癱瘓。但愈是落後的國家，愈迷信行政管制，他們管制成癖，以為一道命令，便可天下景從。到發現並不天下景從時，於是赫然斯怒，以死刑臨之。到死刑亦不見效時，那時就是要改過來也改之晚矣。這種經驗我們在大陸上多的是。不幸得很，我們並沒有因這些經驗而建立現代化的財政與金融系統。現在反攻在望，王師待發，但我還看不出現有的財政金融系統，足以應付一次慘烈的戰爭。如果不相信，請看最近一年由於外匯準備增加而引起的貨幣供應量快速增加的問題，對之一無辦法，要想減少一點貨幣供應量簡直無從下手，便是證明。物價不漲，是我們的運氣，物價漲了，也是我們的運氣，這還不值得我們的警惕嗎？我聽到過和看到通許多經濟動員計劃，但從未聽說對現有的財政金融系統，提出首先改革的建議，我真不知道這經濟之員如何動法。經濟不能動員，軍事之員又如何動法呢？豈不聞大軍未發，糧秣先行（經濟也）的古訓，豈不聞現代的戰爭是總體戰的說法。我當然不是忽視我們遷臺以來，在財政與金融方面的進步。我們在這一方面是有很大的進步的，特別是預算的控制方面，惡性通貨膨脹的完全遏止，經濟的繼續穩定便是證明。我祇是說，我們的財政金融不夠現代化，不能適應現代經濟的要求，正如我們的農工業一樣，成就很大，但不脫落後本質。我在後面對經濟發展和外匯貿易的批評，都是本諸此義，並不是忽視這些年的進步，而是我性急，嫌進步太慢了。我們現在的中心工作，是要將財政、金融、農業、工業、外匯、貿易等一整套迅速的現代化起來。也許要求過苛，但時乎不再，我們不能等！

本文所指的財政改造，當然包括預算在內，指政府一切收入與支出活動所涉及的制度與隱含的政策。既是如此，則現在的預算程序和方法，預算所及的範圍，支出的程序與稽核，以及財政活動與金融活動配合的機構與方式，都有重新檢討和設計的必要。尤其重要的，是如何使政策包含於預算之中，並透過預算實現政策，包括政府的經濟發展政策在內。這就得對目前編製預算的觀念作澈底的改變。這當然是一個繁難的工作，需要國外專家的協助。我現在所要特別著重的，是租稅制度的改造。著重的主要原因是許多經濟政策的執行，經濟穩定的維持，反攻軍事的支持，以及前面所提到的許多行政上的改革，都要以租稅的改革為前提。我建議四點如下：

（一）輕稅重罰：稅輕可誘使人民樂於繳納，如必須要重稅也要等到制度建立，人民稍有納稅觀念後。重罰則可迫使人民不得不納稅。我一向主張將納稅與兵役同等看待，出錢出力本是對等的兩個義務，應不分輕重。因此我主張逃稅可以處重刑，便利逃稅和妨礙納稅與妨礙兵役同科。為使人民普遍了解納稅重要及知道如何納稅，我建議在小學五、六年級加上簡單的新式記帳，簡單的統計，和各種簡單納稅及統計調查表的填法，以及納稅知識。這是國民應該知道的知識。為減輕學生負擔，我建議將現在小學裏所學的一輩子也無實用價值的一些常識取銷掉。

（二）仿照從前海關郵政及鹽稅，釐訂人事制度與待遇制度，提高待遇，並照前面行政改革一章中所提的建議，將現有稅務人員淘汰大部份，嚴格招考新人員。

（三）洽商美政府借調現行年齡在四十歲左右之實際從事稅務之人員若干，來臺充當稅務主管或副主管或顧問，而予以實際之權力，派在中央省及各縣市稽征處服務，期限為一年至三年。此等人員保留在美位置，薪津由美援或我國政府支付。如辦事不力或不稱職者，我政府可予解聘。借用客卿並非喪失面子或主權之事，三兩年之後，制度確立，新人培養出來，即可自行辦理。這一建議，初看似頗幼稚，但如就美軍顧問團對國軍的協助和成就加以比擬，便知這一辦法的合理和可取。讓我再重複前面的一句話，出錢（課稅）出力（兵役）本是對等的兩個義務，但我們總是注意出力，而不注意出錢。要錢就用通貨膨脹辦法，這就等於過去要兵就拉夫一樣。我們通知拉夫之非而改過來了，為什麼不痛知通貨膨脹之非而改過來。

（四）以上辦法如因牽涉太廣，一時不能全面進行，可先從所得稅做起。

以上的這些建議，我曾利用各種機會反復提出。最近幾年財政當局似已在向這方面做，也許是受了我的影響，也許不是，但無論如何總是可喜的現象。不過，我要指出的，是現在的做法方向雖正，強度不夠，仍是在現有的基礎上走簡路，病重藥輕，結果堪虞。所以我堅持有請大批外國專家和大量淘汰人員的必要。要想牆壁油漆好，必須要先做一番整刷「底子」的工夫，省不得。又現在有些辦法，如藍色申報制度和稅務士辦法，我是不贊成的。這是一個有高度守法精神的社會的辦法，很難望施之於我們這個社會，而不引起流弊。稅務要改革，要整頓，還得要從基本結結實實做起。

現在讓我們來看控制經濟活動的另一把鉗子——金融。由於我了解在現代經濟社會中，金融的重要性，牠可以直接影響經濟資源使用的數量，也可以控制經濟資源分配的方向，因而短期的經濟繁榮與蕭條的循環波動，長期的經濟成長，為應付特殊需要而對經濟資源的動員或分配，都在牠的範圍之內。同時也由於我震驚英格蘭銀行與聯邦準備制度等中央銀行制度運用之成功，和對其國家貢獻之大，德日兩國銀行對各該國經濟發展助力多，使我於多少年以前就提出建立中央銀行制度，和設立專為促進經濟發展的金融機構的建議。後來中央銀行與交通銀行的復業，和開發公司的設立，雖不一定出諸我的建議，但至少與我的意願相符。不過不幸得很，我當時所憧憬的金融功能的發揮，並未實現。

首先我要指出的，是中央銀行的復業或一個中央銀行的存在，並不表示中央銀行制度的建立。一如有所得稅並不就是建立了所得稅制度一樣。我們從民國十七年起，就有全國性的中央銀行，但中央銀行制度則直至大陸撤退都未曾建立起來。在過去，一般社會人士提到中央銀行，便認為那是發鈔票的；一般官員提到中央銀行，便認為那是撥經費的；政府首長提到中央銀行，便認為那是管錢的，如此而已，始終不離印刷廠與出納室的範圍。至於中央銀行如何控制全國金融活動，維持經濟穩定，促進經濟發展，乃至中央銀行為什麼要獨立於行政系統之外，恐怕真正知道的人不多，包括那些敢於以財政部長兼任中央銀行總裁的人在內。我提出幾個很簡單的標準，供大家判斷中央銀行制度建立了沒有：（一）中央銀行總裁是否常和財政部長發生爭執，雙方重要官員是否經常接觸，爭論，協商；（二）中央銀行總裁對經濟研究處長，是否與對秘書處長同等的重視。中央銀行遷臺，第一個受裁減的單位就是經濟研究處，那時正是經濟情勢危急，需要健全金融政策的時候；（三）中央銀行總裁對於經濟統計表，是否與對會計報表有同等的興趣（當然決定金融政策也要看會計報表的，不過不是從繳盈餘的觀點去看）。如果答案是正面的，那麼中央銀行制度建立了。這當然太過簡化，但不無真理在內。不要以為爭執是不好的事，不爭執是胸襟開擴，和衷共濟。有政策必有歧見，能維護自己的政策才有爭執。爭執而後協調，協調而後捐棄成見，合作執行協調的內容，才算是胸襟開擴，和衷共濟。無政策，無歧見，無爭執，則根本沒有「衷」，何須要和；根本沒有過渡的打算，何必要「共濟」。如果一點小爭執，便要幹到底；一言切己，便恨之終身，那才不是和衷共濟，沒有胸襟。

我所謂的中央銀行制度，是要中央銀行能夠有效的運用牠的權力，影響全國的金融活動，使符合中央銀行的願望——維持經濟穩定，促進經濟發展。在臺灣要做到這一點，必須要做到下列幾件事：

（一）立即著手形成一套健全的金融機構，供作管理的對象，並可透過這種對象影響全國經濟活動。這又包括：⑴將所有依法辦理存放款業務的單位納入管理的範圍，這點容易做，並可能已經做到了。⑵使所有這些機構現代化，不要停留在錢莊階段，依賴政府硬性規定的利息差額維生，並協助這些機構的業務深入各業，愈深入，愈便利央行權力的發揮，也愈便利牠的管理工作。⑶發展短期資金市場。

（二）發展一套管理金融活動的工具，對傳統的工具加以檢討，勤加使用，看那一種或那幾種最適合我們的環境，最有效力。並培養環境，製造條件，使這些工具成為利器。千萬不能因為不具備任何使用這些工具的條件，便放棄不用，工具是愈用愈利。如認為有必要，我們也可自己發展一種新的工具，不一定要完全模仿外國傳統工具。但無論如何，必須要發展一套有效的工具。

（三）要經常運用工具去管理那些金融機構，在最初階段，尤其要勤加管理，甚至在沒有採取措施必要時，也要採取措施，來訓練這些機構習慣於中央銀行的管理，尊重中央銀行的權威，至少要使他們隨時感覺到有一個中央銀行存在。一如馴獸師要使獸能聽他的指揮，必須先要使受訓練的獸習慣於他的鞭子的權威，聽到鞭子聲，不一定打下來，便服從命令。

（四）要建立央行精神上的領導地位。不一定要央行真的動用工具，祇要象徵性的動用一下，或甚至示意一下，各金融機構即歙然景從。這是最高境界，要做到這一點，除了第（三）點外，還要央行在平時儘量合理的協助各金融機構解決困難，不與他們爭利，千萬不要存款生息，或爭做放款。同時，央行總裁個人的聲望品格也是重要因素。

（五）建立與行政當局的良好關係（但並不是客氣禮讓一番，公事豈可客氣，政策豈可禮讓）。並建立雙方合作的經常機構與習慣，並由此而形成一種優良傳統，使央行與行政當局在充份合作之下，仍能保持金融的獨立。拒絕干涉容易，在合作之下拒絕干涉很難。

（六）建立最堅強的經濟研究機構，隨時提供國內外經濟金融資料，並提出分析與建議，使總裁完全了解全國的詳細經濟金融活動，全世界的經濟大勢，藉以作正確的判斷與採取迅速的行動。特別對於國內經濟金融活動應有一套敏感的指標，使央行總裁能制機先，一有某種象徵，便迅即採取措施，運用工具透過機構，將影響力傳達至全國經濟，這一套指標的作用有如鄉下人行夜路所提的燈籠。沒有燈籠，也可夜行，不過要摸索前進，是否有危險或走錯路，要看路的好壞和行路人的熟悉與機警。有了燈籠，危險或走錯路的可能性便要少多了。

由於金融與經濟活動，許多地方要靠主持人個人的經驗，智慧，與判斷，許多地方要靠主持人個人的聲望與品格和領導才能，所以中央銀行之能否成功的執行任務，總裁的人選最為重要，尤以落後國家為然。理論分析如此，經驗證明也是如此。我們現任中央銀行總裁以其得君之專，聲望之隆，過去成就之卓越，自是最適當的人選，我深信我們的中央銀行制度很快就可建立起來。

一般的說，所有金融機構都與經濟發展有密切的關係，但最急迫需要的除了中央銀行制度的建立外，便是長期資金的融通機構，包括以實業銀行和證券交易所為核心的資本市場。遠在十年以前，我就深感我們缺乏一個融通長期資金的機構，尤其缺乏一個從事冒險性資本投資的機構。沒有這種機構存在，經濟發展起碼要延後二十年，而環境的逼迫，最後仍然會走上這一條路。因此我有兩個構想，一是交通銀行復業，一是將前工業委員會改組為開發銀行。但對於這兩者未曾直接提出過，祇是一再的在我所提出的有關報告或簽註的意見中，要求設立這麼一個機構而已。以後開發公司的設立與交通銀行的復業，是否有我的影響在內，便不得而知了。

我當時所設想的長期資金融通機構，至少要擔當下面幾個任務：（一）主動的發掘投資機會，安排投資計劃，包括財務，技術，市場，經濟利益各方面。（二）協助組織新企業單位或促使舊有單位採取此項投資計劃，使其實現。（三）融通資金，包括參加資本，貸款，組織銀團，包銷股票或債券，擔保等等。（四）從事冒險性投資。（五）為與其有來往之企業單位之顧問，必要時並參加管理。從以上各點看，可知我心目中所要設立的長期資金融通機構，不僅是一個普通的融通機構，而且推動國家經濟發展政策與計劃的主要工具。換句話說，這種機構政策性遠多於營利性。遠在十二年以前，我為當時交通銀行主持人設計該行發展計劃時，就曾有使該行成為執行國家經濟發展計劃的工具的構想，主張政府所能控制的儲蓄與其他資金來源，都匯集該行，然後按照政府經濟計劃作長期資金的分配。這個建議可以想像得到的不曾付諸實施。但現在情勢的發展，卻可看出這種需要日益迫切。我相信除非不走正路，否則我的構想終久會透過某種方式實現的。

在交通銀行復業與開發公司設立之後，我很坦白的講，並未達成前面的任務。未達成的原因，就交通銀行來說，是因為國營，在業務與人員方面都受有許多限制，還要繳盈餘，並不敢作冒險性的投資，以免失敗被說成官商勾結。就開發公司來說，則因為是民營，要對股東有所交待，必須要穩健，每年要有紅利分配。同時因向國際金融機構融通資金，必須要與這種機構傳統的銀行保守作風相配合。所以國營與民營都有不能這樣做的理由。因此，我要建議再設一個新機構來承擔上項任務。我的構想如下：

（一）這個機構最主要的任務是配合國家經濟發展計劃的需要，從事冒險性投資，和專設一個部門從事小型企業的資金融通。所有不能從其他金融機構得到融通的企業，都可到這個機構來。這兩種資金融通，都不能以財務狀況是否健全為主要標準，要以融通對象對國家的經濟貢獻和主持人有無能力為主。

（二）因此，這個機構必然是由政府經營，但為避免許多現存法令上的束縛，應就這個機構作特別立法。

（三）總經理及少數重要職員，請由世界銀行或美國著名金融機構推薦客卿擔任。這樣做的好處之一，是可以避免官商勾結的攻擊，較之本國官員好放手做事。

（四）資本額定在新臺幣三十億元以上（開發公司創辦時的資本額是八千萬元，相當於萬華延平北路等地城隍做一次生日的全部費用），主要來源為美援撥款，和政府預算撥款。嗣後資金的來源，將包括政府每年的預算撥款，政府儲蓄機構的儲蓄，該公司向國內外資本市場的融通等等。在這個機構成立後，所有現由經合會與農復會直接間接經手的經建撥款與計劃，一併移交過去。

六、經濟發展的方向

我多少年來都有一個感覺，就是我們的經濟發展，實在缺乏長遠目標，缺乏理想，因而也就缺乏計劃，祇靠決策官員當時所能見到的去做，祇揀抵抗力最小，困難最少的路線去走。這種辦法當然有途窮之一日。舉例來說，我們對農業的長遠發展和自然資源的利用，就沒有認真的打算過。農復會的卓越表現在技術方面，而非政策方面，而且牠也不是一個決策的機關。這種沒有長遠打算的情形，從下一事實便可看出。就我記憶所及，至少有三年以上在行政院對立法院的施政報告中，連續列有開發海埔新生地和開發山地的項目，我們喜歡講對仗，於是加以簡化，變成「上山」與「下海」，喊著「我們要上山」，「我們要下海」，這真是對仗工穩的美麗口號。但作為一個想使國家強盛的經濟研究從業人員來講，總覺得經濟發展一下就走到了上山與下海的程度，不免有日薄崦嵫，無限淒涼之感。尤其別人在講建立重工業，加速工業化的時候。這些口號再加上動以若干億計的水利計劃和水壩計劃，我稱之為「逢山開路，遇水搭橋」政策。看樣子，我們勢將踏著先民「篳路藍縷，以啟山林」的遺跡，追隨到底。我們真是一個勇敢的農業民族。

當然，並非上山與下海便不可行，不過這祇能算作是一項發展中的小節，我們所要知道的是整個經濟發展的方向何在。在光復大陸的考慮之下，我們今後若干年要將臺灣變成一個什麼樣的經濟，在這個大方向下，農業的地位何在，為使農業的發展與這個地位相稱，農業方面有些什麼事要做，然後才是上山下海的問題。而即令單就上山與下海來說，也還有許多問題待澄清，經濟上是否有價值便是問題之一。為清楚起見，特設一例說明。該假設上山與下海的主要目的為增加就業，並假設某處山地開發成本為一千五百萬元，其中五百萬元為一千人一年之工資。再進一步假設由於就業問題嚴重，無論是否開發此一山地，此一千人一年之工作均須解決，即令無任何工作，亦須照發五百萬元。在這種情形之下，我們可以將五百萬元從成本中減除祇算一千萬元的投資成本，再來看此一成本與所得到的報酬是否相等。如果仍是後者小於前者，則付出五百萬元讓這一千人優遊歲月一年，較之在這塊山地上工作一年對國家的貢獻還要大一點，又何必一定要開發這塊山地呢。再進一步講，假如是報酬大於成本，也還要看大的程度，如果大的程度不如將這一千萬元用在別處所大的程度為大，則仍以讓這一千人優遊歲月一年為宜。我不知道在列入施政報告中的開發海埔新生地與開發山地，曾作過這種計算沒有，至少我沒有聽說過。我們在過去曾有兩筆美麗而浪費的，加強通貨膨脹的巨額投資，但願沒有第三筆。

至於工業發展，則有的主張發展高級工業，有的主張發展輕工業，有的主張石油化學，有的主張手工藝，有的主張無中生有，有的主張勞務輸出。提出這些主張的，有我國高級官員，有外國高級官員，有國內名流專家，也有國外名流專家，還有國外權威學術單位的報告，加上國際權威金融機構的批評。真是百家齊鳴，令人有山陰道上，應接不暇之感。但究竟應該發展那些工業，發展的方向何在，究竟有什麼長期的打算，則我祇能說迄無定論。無論國內與國外的官員和專家，都很少了解我們對臺灣經濟應該有何長遠打算，為了這種打算，現在應該開始做些什麼事。這等於是綱領，有了綱領，工業發展才能有系統，才知道現在應該做些什麼，將來應該變成什麼。但這種綱領誰能或誰曾定得下，提得起。因而祇好百家爭鳴了。在這些爭鳴中，祇有一位不曾為大家所注意的日本人士，說的話在我看來最中肯。他在參觀了南北兩地的大小工廠後，說臺灣談不上現代工業，並沒有建立工業化的基礎，現在應該趕快從這方面著手。這實是真知灼見。

無論是我們現在或在最近期間就勝利的返回大陸，無論是為配合軍事需要或為平時需要，我們對臺灣經濟發展的基本目標是儘快現代化，是使個人的所得儘快的提高，達到西方國家的水準，這應是不爭之論。一個國家或一個地區要做到這一點，並不一定要建立現代的工業，主要要看自然資源，人口，及其他經濟環境而定。挪威，丹麥，澳洲，都是農業在整個經濟結構中佔重要地位的國家，然而並不失為現代的國家，其個人所得與生活水準之高並不亞於其他的西方工業國家，或工業化的國家（我所謂工業化係指使用現代方法與組織生產的國家，並不一定是工業國家）。即是明證。但臺灣農業資源與人口對比之下，為一極端缺乏之地區。除非農業技術有特殊的發展，否則以現有的農業資源，無論如何有效利用都不足以使全體人民達到西方國家的生活水準。更何況我們還有國防上的需要。因此情勢逼迫我們非走上工業發展的道路不可，問題僅在於工業發展的長期打算和開始的方式而已。

關於工業發展，首先讓我們摒除無中生有，勞務輸出那些使人產生奇妙之感的口號，和將手工藝品當作是生產主流的落後想法。在這裏值得提出來考慮一下的，祇有多用資本與多用勞力的工業孰重的問題，和所謂化學工業的問題。一般的講，所謂多用勞力的工業，一般都是資本需要不多，技術水準不高，組織規模不太大，與其他工業關係較少的工業。這種工業一望而知是比較容易發展的工業。在一個落後的國家，資本、技術都感缺乏，無經營大規模事業的經驗，如果人口再一多，則發展這種工業，自是困難最少，收效最快，但這種工業也一望而知是勞動生產力比較低，資本累積作用比較小的工業。在這種工業型態之下，因為生產力低，不可能出現高的個人所得和高的生活水準。因為資本累積作用小，和與其他產業的關係較少，其對促進經濟發展的力量便小。換句話說，如果一國的工業主要是由這種工業構成，則必然是一個勞動生產力低與經濟發展慢的工業。請問我們的長遠目標是這樣的一個經濟嗎？

我們的長遠目標當然志不在此，那麼便是勞動生產力高，對經濟發展速度影響大的多用資本的工業了。發展多用資本的工業，有幾個顯著的特徵：需要資本多，技術高，組織複雜。這需要暫時抑低現有生活水準或減緩提高的速度，容易使經濟各部門發生脫節現象，造成資源的浪費，和引起通貨膨脹。一個落後的國家如果一開始便大規模的發展這種工業，自然會遭遇極大的困難，甚至引起重大損失。但臺灣情形兩樣。如前所云，我們的經濟發展原就是一種順序的自然的發展，過去十幾年，除了電力等少數工業外，本就是以多用勞力的工業為主，現在不是先發展多用勞力或多用資本工業的問題，而是多用勞力工業發展到現階段，對於來自多用資本工業的支持的需要，已日益迫切，否則前者將無堅強基礎，終必行之不遠，祇能在國內市場打轉。基於同一理由，前者已為多用資本工業的發展鋪了路，現在著手發展多用資本工業，實是一種自然趨勢，是一種其他落後國家所想望而不可得的自然趨勢，如果違背這種趨勢，仍在多用勞力工業中打轉，認為可以解決就業問題，其結果必然是多用勞力工業的發展有限，甚或萎縮，而所謂增加就業亦將落空。所以在目前情勢下，祇有這一條路走，根本不發生選擇的問題。那些要我們發展輕工業和甚至手工業的人士，根本不了解我們的經濟，更沒有為我們的遠景著想。

在這裏，我還有三點要廓清一下：

（一）我主張要發展多用資本的工業，並不是說不發展多用勞力的工業，而是說不要聽那些國內外專家的話，儘在多用勞力的工業上轉圈子，打不開一條出路。事實上，多用勞力與多用資本工業是一套連續的發展，當中並無嚴格的界線可分，現在的問題是在如何使這種連續趨勢加速發展下去，而不致停滯在現階段。

（二）我們從教科書上和其他專家報告中，常看到許多選擇待發展工業的標準和公式，包括外匯，就業、所得等等。這些標準和公式不可不信，但也不可全信。不可全信者，因為這些標準和公式的選取，還是憑個人的判斷，並非有絕對客觀標準存在。那些遠在幾萬里所謂的專家，或則未身歷其境，或則作驚鴻一瞥，根本不了解個別落後國家的需要與遠景，所擬標準與公式多半具有普遍適用性。試想在這種情形之下，所提出的建議能有多大實用價值。然而不可不信者，因其究竟列了幾個值得考慮的因素，使決策人在考慮那些工業可以發展時，知道有那些因素是需要考慮一下的。對於待展工業的選擇，主要還在熟悉自己的情形和自己國家的長遠理想，決策決不是任何外人所能代替的。

（三）我時常在報上看到要發展化學工業，特別是石油化學工業，我但願我的國家的經濟發展已達到這種高水準。但事實並不如此。化學工業投資大，折舊快，等到新技術傳到我國，我們建廠完成，也許已經是設備嶄新而技術陳舊的情形，不必開工了。所以這種工業必須要有高度的科學基礎，能搶先發明，搶先生產。這豈是我們現在所能勝任的。當然，我並不是反對所有的化學工業，經濟現象，變化多端，貴能隨機應變，我從不固執一個口號，一直喊到底。

在了解了前面所說的各點後，我們便可進一步追問如何著手進行。我認為應該採取下面的措施：

（一）檢討一下現有的工業，有那些工業可以作為發展多用資本工業的起點，立即由政府採取主動予以協助，改換設備，擴大規模，使脫離落後型態。

（二）以這些工業為起點，發展更高級的或新的多用資本的工業。

（三）在現有工業中，挑選幾個工業，以國外市場為對象，予以大量發展。其設備規模均應達到國際水準。由這些工業的大量發展，進而引起多用資本工業的發展。紡織，造船，水泥，造紙，都是值得考慮的對象。這些工業除造船外，其餘均是隨落後國家的經濟發展而市場可以大量擴大的工業，祇要附近地區的經濟發展持續下去，就不愁沒有市場。退一步說，即令沒有市場，也可以特殊的方法打開市場。祇要有幾個工業能大量發展，其他有關聯的工業便可隨著發展，祇要我們有能力有勇氣迎接這種發展趨勢，而不自己侷限於小圈子內，轉來轉去，便能達到進一步發展的新境地。

（四）所有這些發展儘量由民間採取主動，民間不採主動，政府立即採取主動，民間不興辦，政府立即興辦（請對照前面設立新金融機構的建議）。對於公營民營問題，我從不採信教條主義，看當時情勢的需要，進步國家的公營事業與民營事業同樣辦的好，落後國家的民營事業與公營事業同樣辦的糟，可見問題不在公營民營，而在法律、制度、知識、政風等。我曾無數次提出改革公營事業的辦法，從無人認真的考慮過，因為總是「牽涉太大了」。

在工業有了新發展的途徑之後，現在再回頭來看農業的發展方向如何。目前農業的中心問題在如何使其達到進步國家的同一水準。這需要工業的快速發展。在工業快速發展之後，一方面對農產品的需要提高；一方面農村勞力將大量轉入生產力較高的工業。在這種情形之下，勢必刺激農業採用現代的生產技術。同時由於工業的發展，也便利了農業對於現代技術的採用，在這兩種力量逼迫之下，農業勢必會現代化，而惟有現代化的農業，才能使農業勞力的生產力和生活水準不致落後工業勞力太多。照現在的上山下海政策，將永無這種希望。為了為臺灣農業現代化舖路，需要在農業技術研究，農產推銷組織，農產品生產及價格政策等方面，加緊工作。

在大的農業範圍內，有兩個部門值得特別一提：一是森林資源的利用；一是遠洋漁業。前者由於所佔面積大，如能充份利用，自然對臺灣經濟有很大的幫助，特別是這種資源與其他的產業，例如造紙業，木材加工業等有密切的關係。但是由於制度上的牽制，既得利益階級的阻撓，以及缺乏眼光，始終沒有好好打算和利用過。其實，祇要有勇氣，這是一個極其簡單的問題，聘請幾個國外專業來就這一資源作全面的調查和設計，提出具體的最合經濟原則的利用辦法，再看實際情形能否配合這種辦法。如不能配合，是人的因素，換人；是法律制度的問題，修改法律制度。

另一個是遠洋漁業，這是一個需要高度技術，前途無量，並對國防有益的生產事業。應該請專家詳細策劃，在政府的全力支持之下，逐漸發展起來。

以上兩點，也是上山與下海，但精神與方向則與現在所提倡的上山與下海完全不同，工業社會精神與農業社會精神的區別就在這種地方。一個進取，一個保守；一個開闢新境界，一個在舊範圍內打轉；一個無情的利用資源，一個死啃土地；一個冒險而有前途，一個安穩而趨衰亡。

除了農工兩業外，還有一個交通事業的發展需要於此一提。國內的交通事業是一個配合經濟發展的事業，其本身不能有超出經濟需要的發展，否則便是一種浪費。在一個資本缺乏的落後地區，需要資金的地方太多了，對於交通建設祇要不影響整個經濟的生產效率，便可因陋就簡，得過且過。美化與現代化如無充份的經濟理由，祇能延到以後資本充裕，資本邊際生產力很低的時候再辦，但是我看到的公路與鐵路擴充計劃，改善計劃，甚少合於這個原則的。我的印象不是窮人打窮算盤的做法，而是富人不打算盤的做法。不過我祇是有這種印象，並無根據，但願決策當局有充份的理由證明我的印象是錯的。

但是在交通事業中有一項是可以無限制的發展的，那便是海運。無論我們現在在臺灣，不久回大陸，無論在平時或戰時，海運都是極端重要的一個事業。即令純從經濟發展來講，也是最有助於經濟發展，其本身也有最大前途的事業之一。由於牠的發展，即可進一步發展造船與鋼鐵事業。但海運事業不但需要大量資金，而且也是國際上競爭最激烈的事業，必須要具備現代的經營效率和擔負大的風險。因此必須要有政府的強力支持。至於是否公營或民營，則無關重要。鑒於目前的情形，應該由政府出面支持民間經營。記得沈部長在就任部長不久，曾發展了一篇大規模發展海運事業的談話，我當時看了大為高興，引為同調，惜以後未見諸實行。我仍認為這是一個重要的事業，值得專設一個海運部來辦理。這比專門在國內打主意，離不了鐵路公路，對國家經濟的貢獻不知要大多少倍。

從上面的分析，即可看出我所想像的經濟發展方向，以工業為主，農業為輔。這如我在前面所指出的，並不是對農工有所輕重，而是資源的賦與和一般經濟環境使然。在農業中，我主張為進到完全現代化的農業舖路，以便隨著工業的發展而現代化；主張注意由於人事及制度而未曾有效利用的廣大自然資源——森林；主張發展有無限前途的遠洋漁業。在工業方面，我主張逐漸移到多用資本的工業；普遍的現代化；主張集中發展幾個出口工業，以刺激和便利多用資本工業的發展，全面的現代化進行。交通方面，我主張公路鐵路可以因陋就簡，祇要能配合全面的經濟發展需要和不妨礙生產效率便夠了。應集中力量發展海運事業。貫穿這一經濟發展方向的基本精神是進取與現代化，就臺灣的情形來說，祇有進取與現代化，經濟才有出口路，不為現實環境所侷限。

七、外匯貿易政策的澈底改變

由於外匯貿易仍是在嚴格的管制之下，所以我這裏先申述一下對管制的意見。我們在抗戰以前，原是一個極自由的經濟，大部份的經濟管制都是在抗戰以後為應付經濟危機所採取。然而由於經濟知識的缺乏，所採取的辦法大都是違背經濟基本理論，乃至違背經濟常識，再加上行政效率的低下，以致直到大陸撤守，管制不但沒有解決任何經濟問題，反而使正常經濟活動中一種自動校正與制衡的力量不能發揮。這一點連同由管制所造成的行政上的不良影響，遂使局勢日益惡化，直至經濟崩潰為止。

不待聲明，我決不是盲目的反對管制，我祇是反對盲目的管制。任何一個國家，在經濟遭遇危機或情勢有必要時，都會採取管制措施，雖典型的自由經濟國家如英美都不例外。他們所採取的管制之周密、嚴格、與澈底，決不是落後國家所能想像得到的。但必須：（一）情勢有必要。（二）必須不違背基本經濟法則或經濟常識。管制仍有其經濟法則可循，決不能胡管；（三）祇要可能，仍應儘量讓正常的經濟因素發生作用；（四）在情勢改變後，應立即取銷管制。我常將管制喻之為打補針。打補針必須是：（一）身體陷於危機，從正常途徑攝取營養已不夠需要；（二）補針種類必須針對身體需要，不能與需要背道而馳；（三）不能完全代替正常攝取營養的途徑，決無全靠補針可以長壽的人；（四）如身體恢復正常，即當停止進補。管制就是這種情形，如違背這種情形，必然得不償失，或一無所得而失則很大。我們自抗戰軍興開始逐漸採取管制措施起，至今天為止已將近二十七年，現在一個二十七歲的青年從出生到現在，根本就不曾有過非管制的經濟生活，因此也不知道什麼是管制。豈止二十七歲的青年如此，我們現在的大小官員和工商界人士，在過了二十七年的管制生活後，又何嘗不如此。大家都已習慣了管制，官員施行管制視為當然，民間接受管制也視為當然，然而經濟所受的無形損害便大了。我在這裏舉兩個例：

例一：約在民國四十七八年的時候，一家民營製造化學原料的工廠，申請設一個廠製造某種原料，供本廠之用，目的在有可靠而低廉的原料供應。建廠所需資金、外匯自備。這實是最理想的民間投資，真是鼓勵之不暇，照理應該祇辦一個登記手續便夠了。如果因為電力不足，要分配用電，則僅就電力是否可供分配的標準加以審核便夠了。然而不然。我們舉行大的會議來審查，一大張會議桌上坐滿了二十位以上的政府中級官員，就這一個申請案加以討論。綜計發言的內容可分為兩大主流：一是就這個廠來發言，包括產品市場問題，財務健全與否問題，盈虧問題，技術問題等等；一是就生產同一產品的另一個廠來發言，包括這個廠的產品無出路的問題，這個廠如果關閉，人員失業的問題等等。這個廠的設備是二次大戰以前的東西，其生產成本與售價自然要比前一個民營廠高的多，但是大家決定前一個民營廠不能設備，後一個廠仍可以高價賣產品給前一個廠，作為牠的產品原料。於是又就售價斟酌一番，代兩廠決定了買賣售價和數量。這件案子給我二個印象：（一）這些官員不像是扶植工業發展的官員，倒像是前一個廠的股東或債權人。股東都不怕沒有市場，不怕賠本，而申請設廠。官員們卻怕他們沒有市場，怕他們賠本，這真是何其關切之深也！（二）這些官員又像是後一個廠的股東，要維護這個廠的破舊設備，要使這個應該關門的廠繼續生存下去，要使其繼續處於獨佔的地位，這也真是何其維護之周也！我們有許多管制使得應該淘汰的得救了，應該興起的扼殺了，國家的經濟資源浪費了，工業的發展阻塞了，企業家應有的權益被剝奪了，然而我們要扶植工業，鼓勵投資！

例二：約在五十一年的秋季至五十二年的春季，黃豆進口發生問題，於是要對黃豆進口政策重作檢討，當時的政策是：（一）黃豆進口在數量上有一定的限制，屬於管制進口類，不能自由進口。（二）進口的黃豆按一定的價格分配用戶，由於市價較進口價格高，誰分到黃豆，誰就可以不勞而獲的賺大錢，對消費者則並無好處。（三）硬性規定黃豆的用途，多少用於榨油與製豆餅，多少用於直接食用即製豆腐，醬油，豆芽等等。分配好了的黃豆在各種用途之間不得移動，即直接食用黃豆不能榨油，榨油黃豆不能供食用。但由於市場供求及價格關係，時而油多餅少，時而餅多油少，價格波動不已，並發生榨油黃豆轉到「黑市」供直接食用，而謊報黃豆出口的事。真是毛病百出。（四）榨油黃豆按榨油廠生產能力分配，於是利之所在，大量設廠和擴充設備，造成設備大於實際需要若干倍。

這種辦法一望而知其不合理，（一）價格由供給及需求決定，除非在嚴格的定量定價的配給制度之下，政府祇能就數量與價格決定一項。決定價格便不能決定消費的數量，決定消費的數量便不能決定價格。這是最基本的管制觀念，可以用到所有其他商品的管制上，現在既要管制數量，又要管制價格，當然做不到，於是便發生黑市轉賣，大量設廠等畸形現象，以套取利益。結果消費者因管制而受損害，政府毫無利益，而少數有關人物或機關暴利。（二）消費者要直接食用黃豆若干，要食用豆油若干，要食用豬肉因而間接食用豆餅若干，這是消費者的選擇，這種選擇表現於市場需求和價格上，如何可以由少數政府官員代一千二百萬消費者去作選擇，直接食用黃豆若干，豆油豆餅若干。不但如此，還要規定價格，這如何做得到。因此我便提了一個意見：（一）鑒於黃豆是民生必需品，最好是不加任何管制，聽其自由進口。如果怕國人太愛吃黃豆，進口太多，外匯負擔不起，或打擊國內黃豆的生產，可以提高關稅以增加進口成本。（二）如必須要管制，則當局應當斟酌外匯供應情形，准許一千二百萬消費者吃多少黃豆，例如說每年十萬噸，那麼就由政府進口十萬噸，規定底價在市場公開標售，而不必規定出售價格及用途。換句話說，黃豆價格及用途由消費者決定。（三）如政府要規定每噸黃豆消費者須付多少價格，例如說每噸七千元，則當由政府進口按此價格無限制供應黃豆，此時進口數量與用途由消費者決定。（四）其他有關黃豆管制取銷，如有任何特殊問題，循正常途徑解決。此一合理建議被批評為「每一自由經濟的優點都有，但不切實際」而未被接受。開會若干次，出席官員數十人，時間拖延在半年以上，發言及主張仍不離舊範圍，仍是要管數量，管價格，管用途，總之一切都要管。

以上兩個會議，前一個會議因我的職務變動未繼續參加，後一個會議他們在中途不要我參加。這兩件案子的最終結果如何，我實在無興趣過問，便不得而知了。從這兩個子可知政府官員既要管制生產者，代替他們作決定；又要管制消費者，代替他們作選擇，既要管制價格，又要管制數量，還要管制用途。這是所有自由世界都做不到的事，這需要重寫經濟學原理，然而多少生產者與消費者的切身經濟利益就這樣決定了。我在一旁靜觀他們的發言與思路，發覺他們根本不以為這是管制；不以為這是越俎代庖，代人當家；不以為這會影響多少人的合法權益和造成多少不當利得；不以為這會多麼嚴重的阻礙整個經濟的運行和發展。他們那種自然的程度，就好像老一代父母帶年幼的子女決定了婚嫁一樣。我發覺很多人根本沒有考慮當事人合法權益的習慣與能力，也沒有為國家全盤利益打算的習慣與能力，他們根本不具備這種知識。

現在，我們回到外匯貿易政策的本題上。在國家有經濟危機，國際收支經常處於不平衡地位的情勢下，我是贊成外匯貿易管制的，而且認為除了嚴格的管制，一時不會有更好的解決辦法。但這種管制對於經濟和行政的不良影響特別大，因此不是萬不得已，不宜輕易採取，採取之後，一俟情勢許可，便當放寬或取銷。政府遷臺以來，對於外匯貿易一直都是採取嚴格的繁複的管制政策。這種政策在四十七年四月曾有一次重大的改革。這次改革是成功的，但由於顧及當時的環境，態度非常謹慎。自那次改革以後，我們的經濟情勢不斷好轉，已有放鬆管制的能力，同時由於管制所造成的不良影響，也因為經濟的向上發展，而感受到的壓力也日益沉重。例如在嚴格管制之下造成許多溫室工業，這些工業專以高價格低品質壓榨國內的消費者，絕無能力向外發展。如不加點外來的競爭刺激，將永無振作之一日。如業業如此，則整個經濟發展有何前途可言。這不過是許多例證中的一個例而已。至於若干重要進出口品的生產與消費，數量及價格，以及若干重要生產與貿易事業的前途，都取決於管制官員，則更是顯而易見的事。因此，我曾歷次提出建議，要對外匯貿易政策作一全面的檢討，採取新的政策。我的建議要點如下：

（一）在過去通貨膨脹外匯短絀時，外匯貿易管制的重點在如何限制進口，如何對稀有外匯作合理分配。此項政策及觀念應逐漸改變，進口管制應繼續放寬。外匯管制應逐漸集中於防止資本逃避上，而以全力鼓勵出口。

（二）設置出口貿易的服務與監督機構，辦理品質檢驗，貿易條件履行，外銷人員訓練，國外推銷組織，國際市場情報收集及研究等工作。挑選外貿會幹員與公私貿易單位聯合組成。

（三）實施出口補貼，補貼財源有二：一為提高國內售價，以內銷補貼外銷；一為普遍征稅，由全體國民降低生活水準，負擔此項補貼。由於出口退稅的糾纏不清，我主張出口不退稅，但對出口予以補貼，隨同出口外匯結匯時一同發放，這並不增加國庫負擔，但手續要簡便的多。在目前情形之下，此為扶植出口貿易必經之路。但對個別工業扶植應有限期，最好逐年減少。

（四）在進口管制放鬆後，除非有特殊理由，國內工業保護任務應移交給關稅，關稅保護使國內工業能有部份外來競爭力量，促進其進步，較之進口限制之保護方式為優。但對於關稅的內容與政策要澈底檢討一下。

（五）如此，現在的外貿會的任務，組織，職權，都有重加考慮之必要。

從報上得知有關當局現在從事檢討，考慮放鬆管制。不過我擔心的是在幾十年所培育的管制本能下，所謂放鬆僅是改變，合併，廢除幾個法令，而基本精神不變。

八、教育與長期科學發展

所謂經濟發展，最狹窄的定義，就是生產技術的改變。將落後的生產技術改變為現代的生產技術，使每一個生產要素的生產力都較未改變前為高。經濟進步國家之所以進步，就在生產技術高而且普遍；經濟落後國家之所以落後，就在生產技術比較原始，即今有一點現代生產技術，也不普遍及於全社會。如進一步追問為什麼進步國家會產生較高的生產技術，並能夠普及全社會呢，則與本文前面所說的每一點都有密切關係。此外，與教育及科學研究的關係，也很密切。惟有高度的科學研究，才能使生產技術不斷的提高；惟有良好的教育，才能使高級技術容易為社會大眾所接受而普及全社會。亦惟有在這種條件之下，經濟發展才有深厚的基礎，可以自主的無限的綿延下去，可以與世界上其他國家競爭。德日兩國的經濟復興，技術有深厚的基礎，平日對人有深厚的投資，是最主要的原因之一。因此我要對教育與科學研究說幾句話。

首先說教育。我們知道日本明治維新成功的重大原因之一是普及教育，我們也知道所有經濟進步的國家都是教育普及的國家，我們更知道臺灣經濟迅速發展的主要原因之一，也是教育普及。教育普及使臺灣農民在全世界農民都趨向保守的情形下，容易接受現代的生產技術，使工人容易接受訓練成為技術工人。所受的普及教育愈高，接受現代生產技術與知識也愈容易，愈完善，而經濟發展也就愈順利。因此，應視國民經濟的負擔能力，儘量提高普及教育的程度、臺灣的普及教育為六年，這是最低的標準。早在四十四、五年，教育部為解決惡性補習，曾有免試升學及將義務教育延為九年的趨勢。當時我是反對的。反對的理由是那時惡性通貨膨脹並未完全遏止，任何政府的支出增加，都有助於經濟穩定局勢的惡化，而經濟不穩定，一切都談不上。時至今日，情勢已完全改觀。因此，我極力主張將普及教育延長為九年。延長普及教育對於經濟發展的關係，就像打地基對於房屋建造的關係，什麼樣的地基造什麼樣的房屋。要房屋造的高，地基就得深。要經濟能大量進步，教育期間就得長。在普及教育延長至九年之後，應即嚴格限制高中大學的普通教育，而大量舉辦職業學校，以應經濟發展的需要。

普及教育祇是為了便利接受現代的生產技術訓練（當然這是純粹的經濟發展的看法），而現代生產技術的正常產生來源，則是高級的科學研究。沒有這種研究，生產技術會永遠限於模仿別人，依賴別人，而模仿與依賴就是落後。所有經濟進步的國家，也都是科學研究有高度成就的國家。這些國家對於科學研究，無論是來自整個社會或來自政府，都有一套培養與鼓勵的制度。例如美國，社會對於科學研究者供給各種研究的機會，便利，與設備，給與他們以高度的榮譽和金錢報酬，使研究的結果有充份發表與接受注意的可能。再如蘇俄，政府給與科學研究者以便利與設備，給與他們以最高的榮譽，對於研究成就予以最高的表揚和重視，即使在最窮困，大多數人生活水準都被壓抑至飢餓程度的時候，科學研究者仍能享受與政府顯要同等的物質待遇，形成一個特殊受優待受尊敬的階級。

我國對於知識份子，傳統上本是極其尊敬的，在社會上也形成一個特殊的階級，隨著與國外的接觸和經濟的發展，知識份子的活動範圍也逐漸擴及到了自然科學的研究。假如國家有幾十年的安定，並保持過去尊重知識份子的傳統，也不難走上經濟進步國家的路。不幸戰亂連年，知識份子在社會上的地位日益沉淪，政府也無暇注意這種祇有無形結果的事。迨自抗戰軍興以後，在惡性通貨膨脹之下，作為中產階級的知識份子全部破產，生活水準降至不如引車賣漿者流，在社會上的地位也就隨著下降至被譏嘲的程度，所有研究的便利與設備也蕩然無存，研究本身無人注意，研究成果也無人注意，從事科學研究者或則外流，或則消沉。這實在是國家社會的大損失，這種損失的不良影響將延及後代子孫。

最近幾年由於環境的安定和經濟發展的需要，政府對於科學研究漸告重視，於是有長期科學發展的辦法。不料這個辦法又受了瀰漫於全社會的救濟觀念的影響，變成了救濟性質。給與一個人每月二、三千元的救濟金，要他不要兼差兼課，每年寫一篇「論文」或「實驗報告」。這種辦法可以使人節勞，可以對生活稍有改善，要想鼓勵和培育科學研究豈非夢想。科學研究豈是每月二、三千元救濟金可以發展起來的，何給與的如此其少，而想得回的報酬又如此其多也。如認為我的話過份，那麼就請主持人去檢討一下吧。

從事科學研究或其他知識活動的人，不一定十分注意物質的報酬與社會給與他的榮譽，研究本身就足以吸引他，研究成果本身就是無上的報酬，但第一，不能希望人人都如此；第二，即令人人都如此，也要給與和他的工作及傳統社會地位相稱的，最起碼的物質與精神待遇及鼓勵；第三，必須要有起碼的研究設備與便利。我時常想，假如政府能撥一千萬或更多一點的美元，再加上國外的援助，來設立一個或幾個合於現代標準的研究單位，以對現在高級官員的全部物質待遇和我國對待知識份子的傳統尊敬，來對待第一流的學者和研究人員，每年雙十節閱兵臺上有幾個這樣的人坐在第一排，每年元旦授勛的名單中也有一批這樣的人，我們的科學研究或許有迅速發展的一天。根據我的觀察，純就經濟發展的立場，我對教育與科學研究建議下列幾點：

（一）延長普及教育至九年。如預算有困難，可洽商五千萬美元剩餘農產品的援助，專供全省建造普及教育教室之用。同時應將初中與小學合併為一個學校，畢業年限即為九年，取銷初中的名稱。如不能申請美援或美援數額不足，政府可考慮應用國防特捐的辦法，專為此一用途加一次稅。

（二）廣泛設立職業學校，每一職業學校所謂的科目和畢業年限不必一律加以硬性規定，應視當時社會需要和所受訓練的性質而作不同的規定，並隨時調整，一切以適合實際需要為主。

（三）減少普通高中的設立，限制升高中的人數。限制的方法有二：一為提高升學考試的標準，使比較優秀的學生才能升入高中，接受大學教育的預備教育；一為提高學費，一方面用以維持高中本身的費用，將節省下來的經費用在延長普及教育上，一方面多設獎學金，使清寒而優秀的子弟亦有上進機會。

（四）大學教育按高中教育辦法辦理。

（五）私立大中學須將負實際學校行政責任及教學的人與基金保管的人嚴格劃分，嚴厲制裁學店，以保障前述建議之成功。

（六）撥相當數量經費充實高級科學研究機構，加強少數具有規模之大學之科學教育，提高科學研究人員待遇，包括物質待遇及榮譽。應參照現在多數進步國家對科學研究人員之待遇及態度，擬訂辦法，此項投資報酬最大。

九、結論

所有以上建議，都是一個現代國家和現代經濟所當具備的。這些建議具有幾個特質：（一）這是一個國家現代化的必經之路，遲早都要經過，決無選擇退避餘地，與其日後情勢迫著我們去做，不如現在自動去做。（二）不削弱政府的地位，祇有加強的作用；不需要高級官員的更動，祇有加重他們的職權與責任；對於那些利益受損害的人，都有彌補辦法，依理執行起來應無阻撓。（三）不需要大量的金錢支持，全部費用都在負擔能力之內。這些建議的惟一要求是有權力的官員們一念之轉，接受現代的觀念，拿出勇氣來做。這是應該容易被接受的。我希望本文能為有權力的人看到，靜心的看一遍，再思考一遍，看有無可採之處。不要像過去一樣，以「這是書生之見」，「不懂實際政治」，而束之高閣。我再重複一遍，讓我們自動走上現代經濟和現代國家的路吧，不要讓情勢逼著我們走！

II 我們如何創造了經濟奇蹟

敘述臺灣在最艱苦的時代中，政府與人民胼手胝足，共創經濟奇蹟的歷程。
在當前富裕但混亂的脫序狀態下一讀，更能發人深省。

II 我們如何創造了經濟奇蹟

這是簡單敘述臺灣在最艱苦的時代，政府決策官員與全體人民為何在幾乎絕望的情況下，開展出一個新局面，成為世人所稱譽的奇蹟的一本書，特別著重於政策路線的選擇，以及從事革新的勇氣。由於筆者在政策路線的選擇方面直接間接都有參與，也盡了一分力量，是以記憶十分清晰，這本書完全是憑記憶隨手寫出來的，除少量數字外，沒有參考任何資料。

一、開場白

這個專欄的內容將以評論臺灣的經濟問題為主，有時也會涉及臺灣以外其他國家與國際間的經濟問題，更有時會涉及經濟以外的非經濟問題，視寫作時的情形而定。在開始的時候，我預備以「我們如何創造了經濟奇蹟」為一總題目，對臺灣自一九四九年以來將近三十年的時間中，所遭遇的經濟困難，所採取的應付政策，所達到的成就，作一有系統的敘述與評論。我所以在這個專欄一開始就選擇這個好像為臺灣經濟發展作宣傳的題目，有下列的理由：

（一）臺灣是一個落後國家發展的範例。在第二次世界大戰剛結束的時候，自由世界遭遇到兩大經濟難題：1受戰爭破壞國家的重建；2落後國家的開發。重建工作做得最好的是在馬歇爾計劃大力援助之下的西歐各國，要舉戰後重建工作的範例，便以他們為例；開發工作做得最好的在一九五〇年代還找不出成功的例證，於是國際間便推出香港與波多黎各來，認為他們是成功的範例。但這兩個地區都具有其特殊的背景，都是特例，不是通例，不能作為落後國家從事開發工作的代表。直到一九六〇年代，才有兩個國家的經濟發展的突出表現，受到國際間的注目：一個是日本，一個是中華民國政府所在地的臺灣。日本是一個受到戰爭嚴重破壞的半進步半落後的國家，臺灣則是一個也受到戰爭嚴重破壞的落後地區，兩者在一九〇六年代都有遠超過國際水準的經濟成長率。於是國際間要舉進步國家高度成長的範例便是日本，要舉落後國家高度成長的範例便是臺灣，兩者同被譽為經濟奇蹟。但由於我們的國際地位處境困難，及懷有敵意的人士故意的貶抑與歪曲，使得我們的經濟成就也為之蒙塵了。但是，我們要揭開。

（二）臺灣的經濟發展最合於正統經濟理論的模型。正統經濟理論強調自由市場的機能，強調國際分工與資源的適當分配。這種理論應用到經濟發展上，便是農工平衡發展，便是勞力密集產業的優先，便是穩定中求進步，而這些正是過去將近三十年來臺灣經濟發展的基本政策，但仍是因為我們的國際地位的關係，這種最符合西方自由經濟學家理論的發展路線，始終未得到他們的重視。他們一面口沫橫飛的教導世人如何崇信自由經濟理論，一面卻去歌誦中共的經濟成就。所以講權勢，講現實，並不是政客的專利，學者亦然。

（三）駁斥對臺灣經濟發展的誣蔑。當一九六〇年代初期，臺灣的經濟發展嶄露頭角時，國際上常有一種說法，說這是日本人打的基礎或者說是美援的結果，而對中華民國政府的領導推動，一千多萬人民的勤奮工作，故意加以輕忽。誠然，臺灣是從日本人手上接收過來的，第一次中日戰爭我們敗了，被迫將臺灣割讓給日本人；第二次中日戰爭中我們勝了，我們又自日本手中將臺灣收回，前後相差五十年。在此五十年中，日本確曾在臺灣從事了若干基本建設，使我們在發展臺灣經濟的過程中節省了一些時間與金錢，但僅此而已。這不過是在起步時輕輕的推了我們一把，與以後的長程賽跑不能說沒有關係，但關係的輕微讓人感覺不出來。也誠然，我們自一九五〇年至一九六五年，接受了為數約十五億美元的美援，這對我們經濟的穩定與發展確有重大助力。但能否善用這些美援，達成穩定與發展的目標，關鍵仍在中華民國政府與人民。是中華民國政府與人民有能力運用這筆美援，也有意願善用這筆美援，才使這十五億美元發生效果的。不然，美國直接間接援助落後國家的數額以若干百億美元計，收到效果的有幾個國家？收到的效果又在那裏？

當一九六〇年代的後期，臺灣的經濟發展成就顯然已不能用日本人打的基礎或美援的結果來作解釋時，於是在海外對中華民國懷有敵意與偏見的人士，便攻擊臺灣借外債與接受外資太多，對外依存性太大，成了外國的經濟殖民地。再不就攻擊臺灣財富集中，農民收入低微。作這些攻擊的人，一望而知都是些缺乏經濟學素養的人。在現在的世界中，除閉關自守的少數共產國家外，那一國沒有外債與外資？那一國的經濟活動不依存其他國家？那一國的財富分配是絕對平均的？又有那一國沒有農村與都市所得差距的問題？我們是以一個貧窮落後國家的出身躋向富裕進步國家，我們有一個尊重私有財產，尊重個人企業的自由經濟制度，我們在雙重經濟之下，有一個快速發展的現代工商業部門，便會自然的產生上述這些現象，不足為病。要接受一個自由經濟社會，要接受一個快速發展的經濟，便要接受這些現象，更何況這些現象都在政府控制之中。而作為一個職業的經濟學家，我們還覺得政府控制太嚴，干預太多哩。

我希望在「我們如何創造了經濟奇蹟」的總題目下，將臺灣經濟發展的真實狀況揭開，將所有的誣蔑掃除。不過，我要特別申明的，是我並不百分之百地同意政府的政策、措施、與觀點，但這祇是原則與路線之爭，不涉及其他因素。以下我將以一個學人治學應有的公正與誠實，來評述臺灣將近三十年來的經濟發展。

二、經濟重建期（一九四九～一九五二）

在開場白中，我曾經提到十幾年前，國際上常有人認為臺灣成功的經濟發展應歸功於日本人奠立的基礎。不錯，日本人在統治臺灣期間，確實從事了一些基本建設及建立一些工業。但不幸的是二次大戰期間，所有這些建設在物質方面都為猛烈的轟炸及戰時缺乏保養所破壞；在技術及管理方面，則由於這一類的工作都由日本人擔任，中國人祇能從事低級勞力工作，戰爭結束，日本人被遣送回國，於是這些建設的技術及管理也隨日本人以俱去。在這種情形之下，所謂日本人留下來的基礎便所剩無幾了。這可從下面所列的主要農工生產數字看出來。為了比較方便及使讀者對臺灣的進步有一清晰概念，我們舉出了五個關鍵年的數字：（一）日據時代最高產業；（二）光復後一年的產量；（三）一九四九年中央政府遷臺那一年的產量；（四）一九五二年生產恢復戰前水準，開始第一期四年計畫前夕的產量；（五）最近一年的產量。最近一年的產量並不能充分代表我們的進步，因為當前大多數重要產品如人造纖維、電子用品、家庭電器、建築材料、交通工具等等，在日據時代還沒有生產；已生產的品質上今昔也大不相同，現在的產品品質進步的太多了，但儘管如此，下表仍可給我們一個生動的畫面。

表一　日據時代與光復後重要農工產品產量比較表

項目	單位	日據時代最高產量	一九四六年	一九四九年	一九五二年	一九七六年
米	千公噸	1.402	894	1.215	1.570	2.713
糖	千公噸	1.374	86	647	528	779
漁	千公噸	120	51	80	122	810
豬	千頭	1.873	768	1.362	2.079	3.676
電	百萬度	1.195	472	854	1.420	26.877
煤	千噸	2.854	1.049	1.614	2.286	3.236
棉紗	噸	539	410	1.805	13.576	147.477
棉布	千公尺	2.682	2.558	29.805	87.639	811.233
紙	千噸	26	3	10	28	500
肥料	千噸	34	5	46	130	1.634
水泥	千噸	303	97	291	446	8.749
鋼條	千噸	18	3	11	18	1.309
一般機械	噸	8.200	980	3.666	6.155	317.741

※糖產量較日據時代為少，係政府政策結果
資料來源：根據各種官方資料編製。

生產破壞如此，一般人民的生活自然貧窮不堪。光復後的那幾年，生產既不能快速恢復，進口又受到外匯短缺及大陸戰亂的限制，大部分人民已到了衣不蔽體，食不果腹的程度，可說是民窮財盡了。更不幸的是由於大陸局勢逆轉，大量人民都逃避到臺灣來，以至人口激增。在一九四六年，即光復後一年的年底，臺灣總人口為六百一十萬人，但到了一九四八年便激增為六百八十萬，一九五〇年增到七百九十萬，一九五二年又增到八百一十萬人，六年之間增加了二百萬，即增加了三分之一，而六十萬大軍及未報戶口的人民尚未計算在內。這對生產破壞，物資奇缺，人民生活原已艱苦萬分的臺灣經濟來說，是一個何等重大的壓力。雖然大陸遷臺人民帶來了一些物資，包括黃金美鈔，生產設備，及少量物資，但遠不足以負擔由大陸遷來的二百萬軍民的生活。這種生產破壞，物資奇缺，人口激增下的一個自然結果，便是物價飛漲。自一九四六年至一九四九年，躉售物價上漲了一千倍，自一九四九年至一九五二年，躉售物價又上升了八．三倍。

生產萎縮，物價上漲所造成的惡果之一便是預算赤字，這個時候的臺灣經濟還是一個以農業為主的落後經濟，稅收主要來源靠專賣、田賦、及一點貨物稅，來源非常有限。而另一方面則支出浩繁，包括大量的國防支出與為恢復生產的經濟建設支出，這已經使預算有巨額的赤字了，何況再加上惡性通貨膨脹，遂使一九五〇至一九五二共三年的赤字達到新臺幣五萬三仟六百萬元。而這還是表面的數字，隱藏的赤字當遠不止此數。彌補赤字的方法，由於債信未立，無法發行公債，於是除了拋售一點有限的黃金外，便祇有向臺灣銀行透支。臺灣銀行則以增發新臺幣來應付。一九四九年六月發行新臺幣時，最高限額規定為二億元，實際發行為五千六百萬元。至一九五二年底，新臺幣發行額已增至七億五千五百萬元，增加了一三．五倍，遠超過二億元的發行限額，因而有所謂限外發行。如前所云，在此同一期間，預算赤字為五億三千六百萬元，絕大部份由臺灣銀行透支。同一時期貨幣供應量由一億八千萬元增加至十三億三千六百萬元，增加了一二・三倍，這當然又大大的助長了通貨膨脹。於是預算赤字與惡性通貨膨脹形成了惡性循環，一如在大陸抗戰及戡亂時期的情形。

生產萎縮，物價上漲所造成的惡果之二便是國際收支不平衡，外匯短缺。那時中央銀行尚未復業，國際收支由臺灣銀行處理。一九五〇年，臺灣銀行外匯存底完全枯竭，不得不向民航空運公司借用美金五十萬元以應急。一九五一年初，臺灣銀行的外匯負債達一千零五十萬美元，開出去的信用狀已被國外銀行所拒絕接受，實已到了山窮水盡的時候了。

總括自一九四九年底中央政府遷臺至一九五二年底為止的三年期間，臺灣的經濟情況是人口激增，生產設備破壞，物資奇缺，人民生活窮困，物價高漲，財政赤字，外匯枯竭，整個經濟已到了崩潰邊緣，這真是一段黯淡的日子。

三、農業帶動工業發展（一九四九～一九五二）

在這樣一段黯淡的日子裏，原先受政府覆蔭、培養、拔擢、重用的軍人、政客、官僚、知識分子、企業界人士，一部分陷共附共，一部分逃亡海外。逃亡海外的這一部分有的對我們愛莫能助，無法援手；有的則仍在惡意攻擊。戰時與我們並肩作戰的友邦都紛紛棄我們而去，等待塵埃落地；已簽定的美援在一九四九年停止支付，直到一九五〇年六月二十五日韓戰爆發後才慢慢恢復。在這內無糧草，外無救兵的絕望環境下，我們八百萬軍民形成了一旅孤軍，憑藉這一孤島，滿含血淚，踏上漫漫長程的征途，開始了我們的艱苦奮鬥，希望為自己的生存與自由，也為全中國人的生存與自由，打開一條光明大道來。

奮鬥的開始，在經濟方面確定了兩大基本政策原則：在安定中求進步與農工平衡發展，這兩大原則一直遵循到今天未曾更改。在安定中求進步的第一個措施是臺灣省政府於一九四九年六月十五日頒佈「新臺幣發行辦法」，實行幣制改革，規定舊臺幣四萬元折新臺幣一元，每五元新臺幣折美金一元，發行總額限定為二億元，十足準備，希望藉此建立幣信，穩定物價。

在改革幣制同時，復陸續頒行了許多物價的直接管制措施，包括軍公教人員及眷屬的實物配給，民生必需品的定價定量配售，重要商品及勞務的限價，政府供應物資機構及糧食局對重要物資及糧食的掌握與拋售。

但是由於造成通貨膨脹的根本原因在於：（一）政府預算有巨額赤字，依賴臺灣銀行墊款，臺灣銀行則以增加發行來應付。赤字的來源分為兩方面：①為了確保臺灣基地安全與待機反攻而產生的龐大軍事支出；②為恢復生產對基本經濟建設及公營生產事業所作的大量投資支出。這兩項都是刻不容緩的支出，無法節省。政府為彌補此項赤字，曾經舉辦過黃金儲蓄存款，亦即變相的公開拋售黃金；及在黑市拋售黃金，但都阻止不了這一赤字的洪流。（二）民間生產事業的重建需要巨額資金，而當時儲蓄非常之低，唯有仰賴銀行信用擴充，這又是通貨膨脹的一大來源。（三）外匯異常短缺，無能力充分進口國內極端缺乏的民生必需品及恢復生產所需要的機器設備。在這三重巨大的壓力之下，單憑幣制改革及直接的物價管制，自然難於達到穩定物價的目的。不但兩億元的限額發行到一九四九年底已經達到，次年一年即超出限額一倍，臺售物價自一九四九年至一九五〇年一年之內上升了整整四倍。新臺幣五元兌一美元之匯率亦不能維持，至一九五〇年底已上升至一〇・二五元，黑市則為一一・五三元。

於是政府乃進一步採取穩定經濟的措施，首先便是加強外匯貿易的管制。先是在改革幣制的同時，便已頒佈了「臺灣省進出口貿易及匯兌金銀管理辦法」，將進口物品分為准許進口、暫停進口、管制進口、及禁止進口四種。出口物品則分為准許出口、管制出口、及禁止出口三種。出口所得外匯百分之二十按官定匯率結售臺灣銀行，百分之八十則發給結匯證明書，可在市場出售，凡准許進口之貨物，得以結匯證向臺銀換取等值之外匯。換言之，對進口外匯採取自由申請制度。為使外匯作更有效之使用，以確保重要物資之進口，自一九五〇年底起，實施外匯審核制度。一九五一年四月實施金融新措施，設立進口外匯初審小組及普通匯款初審小組，對外匯之使用作更嚴密之審核。一九五二年十月以後，外匯供應短絀情形更為嚴重，乃決定每周預定核配外匯的數額以一百萬美元為度，而每週申請額則達到九百萬美元以上，核准率僅在百分之十左右，至一九五三年四月核准率竟降到百分之六。

這其間還得到美援的重大幫助。如前所云，美國經濟援助自一九五〇年下半年開始恢復，當年到達美援物資為二〇・五百萬美元，佔總進口一二二・八百萬美元的百分之十七，一九五一年到達美援物資為五六・六百萬美元，佔總進口一四三・三百萬美元之百分之三九。是年為解救我國外匯短缺危機，美國曾給與特別經援四千一百萬美元，供商業採購之用。一九五二年，美援輸入物資增加至八九・一百萬美元，佔總輸入值的比例升到百分之四三。當然美援對我國經濟穩定及經濟發展的貢獻，不止於彌補外匯的短缺，以後當專章敘述。此處僅指出即使在美援的協助之下，我國外匯供應的短缺，仍已達到幾乎不能維持的地步。而政府先後不斷採取緊縮措拖，多方應付，當時情勢之艱難概可想見。

當然，政府深切的了解，真正穩定經濟的途徑還在恢復農工生產，以增加物資供應，及開展對外貿易上。

一九四九年的臺灣經濟，仍以農業為中心，農民佔總人口的比例達百分之六十以上，故無論為安定社會，提高人民生活水準，及為工業發展所需資金與市場舖路，都有優先發展農業的必要，農業發展係分三方面進行：（一）土地改革，（二）農村社會建設，（三）農業生產技術改良；三者均對農業生產的增加有貢獻，而以技術改良貢獻最大。

一、土地改革：土地改革又分三個步驟進行：①三七五減租，②公地放領，③耕者有其田。其中①②兩項係在一九五二年底以前完成，將在這裡簡述。第③項耕者有其田係該年以後完成，則留待以後敘述。

①三七五減租，當時佃農約佔農戶總額百分之六八・八，佃權不定，租無定期，地主可以隨時撤佃。租佃在新竹地區高達百分之七十，全省抽樣調查結果，平均佃租亦高達收穫量之百分之五六・八，不僅在全國，即在整個東亞，亦屬極高之佃租。此外，尚有所謂「地頭」（即批租地主之土地轉租給耕戶之中間人）之中間剝削，遂使絕大多數佃戶生活陷於境，而農民不滿情緒之深，亦可想見。

臺灣省政府鑒於上述情形，乃決心推行三七五減租政策，於一九四九年一月開始籌備，同時四月公佈「臺灣省私有耕地租用辦法」和有關法規。其後復於一九五一年五月又由中央政府完成立法程序，頒布「耕地三七五減租條例」。主要內容有：

（甲）減輕租額負擔。佃農對地主繳納地租，一律以不超過主要作物正產品全年收穫總量千分之三百七十五為準。原約超過此一規定者，一律減為此數；不及此數者，不得增加。其他預收地租等一切額外負擔全部取消。其因災害歉收時，照受災成數減免。

（乙）保障佃農權利。規定耕地租約一律以書面為之，租佃期間不得少於六年，非因法定事故地主不得將租約中止。土地所有權轉讓，租約不受影響。租約屆滿除因具備法定要件收回自耕外，仍應續訂租約。另一方面則規定佃農應按期繳納地租，積欠地租達兩年之總額時，地主可終止租約，以保障地主之利益。

自一九四九年四月公布上項辦法後，五月即在全省展開換訂租約工作，至六月中旬止，所有業佃租約，均已登記換訂完成。

②公地放領。臺灣公有耕地，均係接管日據時代各級政府公有及日人私有之耕地而來，在一九五二年六月辦理地籍總歸戶時統計，此項公地共有一八一，四九〇甲，佔當時耕地總面積百分之二十一強。為使此項公地得到充份利用，並扶植自耕農取得耕地所有權，臺灣省政府於一九五〇年擬訂「臺灣省放領公有耕地協植自耕農實施辦法」，後經中央政府核定於一九五一年六月公布施行，放領對象順序為承租公地之現耕農、僱農，耕地不足之佃農，耕地不足之半自耕農，無土地耕作之土地關係人需要土地耕作，轉業為農者。放領地價為土地全年正產物收穫總量之兩倍半。全部地價分十年平均攤還，不負擔利息，但地價按稻穀實物計算，免受貨幣貶值影響。至一九五二年止，放領公地之面積為五萬甲，約佔承領農戶耕種面積百分之四三。

二、農村社會建設：政府對農村社會建設的基本理想是要使鄉村城市化，使鄉村亦能享受公共衛生與公用事業的便利。在這一原則之中，自一九四九年起，即在中央與地方政府的合作，美援與聯合國世界衛生組織的協助之下，從事：

1 鄉村衛生環境的改善，包括建立衛生網，根除傳染病，改

表二　農漁業增產表　一九四八－一九五二年

年次	糙米生產量（千公噸）	指數	每公頃收穫量（公斤）	指數	漁產量（公噸）	指數
1948	1.068	100	2.978	100	83.527	100
1949	1.215	113	3.248	109	80.371	96
1950	1.421	133	3.690	124	84.206	101
1951	1.485	139	3.764	126	104.180	125
1952	1.570	147	3.996	134	121.697	146

資料來源：臺灣省統計提要

善鄉村自來水供應等等；2農民組織：改組及整理農會、農田水利會、漁會，及青果運銷合作社等組織，使成為有關農漁民之真正代表者。嗣後政府政令之推行，農漁業技術知識之傳播，政府對農漁民之補助等等，均係透過此等組織。農漁民性格保守，不易接受新觀念及新事物，因而推行政令及推廣技術與有關知識甚為困難，農業發展每為之停滯不前。唯獨臺灣農漁民勇於接受新技術及知識，並樂於遵行政府政令，而使當年若干外籍專家為之驚異，不知臺灣農漁民何以如此富於彈性，實係漁業組織比較完善健全之故。此外，臺灣尚有大規模有效之農村社區發展，但多在一九五二年以後開始，此處暫時不提。

三、農業生產技術改良：此為提高農業生產力最主要之因素，由中國農村復興聯合委員會（簡稱農復會）及省政府農林廳與其所轄機構負責推行，項目包括改良種籽，增加化學肥料使用，指導栽培方法，防治病蟲害，改良農具，引進新產品，實施間作、輪作、輪灌，施用農藥、引進新漁法，改良漁業技術，充實漁業設施等等。所有這些改良措施都是所投下之資本甚少，而所收穫之效果甚大，單位產量大幅提高，農漁民所得增加，生活改善，而受到國際之普遍注意與讚揚，以後對世界各開發中國家之技術合作及農業援助，均係由此而來。

在土地改革，農村社會建設，及農業技術改良三方面同時進行下，遂使臺灣農業生產在一九五二年已達到戰前最高產量水準。農漁業增產情形如表二。

至於工業發展，日人佔領臺灣初期在臺灣所作的工業發展，係以特產加工及省內民生必需品為主，故絕大部份為輕工業，包括糖、鹽、樟腦、菸酒、造紙、紡織、製革、肥料、水泥等類。鋼鐵、機械、造船、煉鋁等重工業雖亦有萌芽，但僅在第二次世界大戰期間為因應戰時需要，始作有計劃之發展，若干發展計劃且因戰爭阻礙，始終未能完成。無論輕重工業在戰爭期間或因過度使用及缺乏保養，或因轟炸破壞，至戰爭結束時已殘破不堪，幾無工業生產之可言。自一九四五年臺省光復至一九四九年中央開始注意經營臺灣這一段期間，雖有整理修復，但甚少成效。此種情形在在「那一段黯淡的日子」一文中曾列表說明。

一九四九年，政府一方面為了迅速恢復臺灣的工業生產，另一方面為了指揮監督遷臺的公營事業，乃於六月十日由臺省府遵照院令指示成立臺灣區生產事業管理委員會，擔任在臺國營及省營各生產事業策劃、配合、督導推進工作。生管會成立後，即確定了發展生產事業的兩大方向：

（一）凡從事產製下列各項物資之事業，應予增產：①國防需用及生活必需品；②外銷物品；③進口貨之代用品。

（二）凡產製下列各項物品之事業，應予停止或限制生產，但失業問題必須慎重考慮：①非必要的消費品；②足以影響必需品正常供應的產品；③銷路無把握的產品。

以上兩大方向，實際上成為臺灣以後若干年工業發展的基本路線，在這一路線之下，政府確定了三個發展重點，對臺灣以後的整個經濟發展產生了深遠的影響。

（一）電力。電力在日據時代最高發電量曾達到十二億度，光復時減到此一數量的三分之一，即使到一九四九年仍祇有八・五億度，由於工業生產非依賴充份的電力供應不可，乃將電力發展列為第一優先。發展的第一步是將所有戰時遭受破壞的設備從事修復，並就舊有者遷移合併，這一工作至一九五〇年完成。第二步是開拓新電源，至一九五二年底止，先後興建了烏來、立霧、天輪等水力發電工程，並新建新竹一次發電所，完成橫貫中央山脈之東西聯絡輸電線，使臺灣東西電力系統合而為一，成為一完整之電力供應網。

（二）肥料工業。臺灣土地貧瘠，又因使用過度，關係軍糈民食之稻米生產，非仰賴大量化學肥料不可。化肥在日據時代最高產量曾達到三萬四千噸，戰後劇降至五千噸，至一九四八年亦仍祇有三萬八千噸。而當時需要量則為五十萬噸，差額均係依賴自日本進口，最多一年進口量曾達到三千餘萬美元。此在當時外匯枯竭之情形下，實為一極端沉重之負擔。於是一方面整修及擴充已有工廠，包括高雄硫酸錏廠及花蓮鋁廠之改裝；一方面建設新廠，計有在一九四九年開工，次年完成之新竹廠（第五廠），及計劃中之基隆硫酸錏廠，前者年產量為四萬五千噸，後者預計可年產十五萬噸。

（三）紡織工業。紡織工業在當前是我國最主要的出口工業，但在一九四九－一九五二年期間，則是政府發展維護最力，引起爭論與攻擊最多的一個工業。當時每年均從日本進口棉布甚多，自一九四九年至五一年三年之間進口棉布達九千萬碼，自其他地區進口之紗與布尚未計算在內。而另一方面，我們有發展紡織工業的技術與資本供應能力，政府乃決定「進口布不如進口紗，進口紗不如進口棉」的政策，自行建立紡織工業。於是對紡織工業採取高度扶植政策，分二方面進行：①對紗布予以進口管制，隔絕外來競爭；②採取代紡代織政策，政府對紗廠供給原棉，收回棉紗，支付工繳費，對布廠供給棉紗，收回棉布，亦支付工繳費。如此紡織業之原料、流動資金、與市場問題，全部由政府解決，僅坐收工繳費，獲取優厚利潤。此項利潤不僅成為日後紡織業本身擴充之資金來源，且成為轉投資於其他重要工業之資金來源。現在之遠東、臺元、六和等大關係企業之產生均根源於此，對臺灣經濟發展有深遠之影響，實為當初始料所不及。

以上三項重點工業，除電力為發展所有工業之動力外，其餘二項，一項關係民食，一項關係民衣，均為民生必需品及進口代替品工業。

除發展以上三項重點工業外，政府對於當時所有之一般公民營事業，亦或由政府貸款，或由美援支助，予以整頓、合併、及扶植，協助其增加及更新設備，擴大經營規模，以適應當時需要。

與扶植及擴大工業生產同時並行的，為對外貿易的打開。在光復以前，臺灣主要係與日本貿易，僅有之小量對外貿易亦係透過日本。光復後，與日本之貿易劇減，轉向對大陸貿易。迨大陸撤守後，臺灣對外貿易一時陷於孤立境地，但臺灣為一海島，如對外貿易不維持暢通，勢將窒息致死。就當時情勢而論，要打開對外貿易，第一關即為對日貿易。於是一九四九年四月由臺灣省政府擬訂臺日貿易辦法大綱草案，決定雙方在貿易年度內輸出入總值，支付辦法及貿易方式，呈由中央政府核定後實施，稱中日貿易大綱。是年十月，在生管會下設立對日貿易小組，次年五月，政府派尹仲容先生往日本與盟軍總部商洽簽訂中日貿易協定，九月簽字，分為財務協定、貿易協定、貿易計劃、及償欠換文四部份。此一協定不僅解決當時臺灣對外貿易總額之百分之七十，且奠定以後九年間中日雙邊記賬貿易的基礎。

自一九四九年初大陸局勢惡化，中央政府派令陳誠先生為臺灣省政府主席，銳意經營臺灣起，至一九五二年底為止，共歷四年時間，憑著八百萬軍民的艱苦奮鬥，不僅度過了經濟上最黯淡的一段日子，將瀕於崩潰邊緣的經濟挽救過來，而且使農工生產及對外貿易均恢復或超越了日據時代的最高水準，物價亦穩定於控制範圍之內，為進一步的發展奠立了堅強的基礎。

四、農業社會轉型工業社會（一九五二～一九五八）

一九四九年無論在政治上與經濟上都是我們最黯淡的日子，也是我們艱苦奮鬥的起點。自一九四九年起，到一九五二年為止，經過了四年的艱苦奮鬥，終於穩住了陣腳，為以後的發展奠立了基礎。自抗戰開始即已發生的嚴重的通貨膨脹問題，已在控制之中，通貨發行數量及物價指數均呈相當穩定；各項基本設施及農工生產大多已恢復戰爭結束前的最高水準，有些且已逾越；全體人民的生活水準已脫離困苦邊緣，不斷向上升，尤其農村更是一片繁榮景象；就業機會也在增加，整個社會充滿了向上的朝氣，能夠開始有計劃的步上一條坦途。於是自一九五三年起，實施第一期四年經濟計劃。

為迎接這一新的局面，首先在機構方面作了調整。自一九四九年起，政府為適應當時經濟情勢的需要，曾在省政府及中央陸續設置了若干小組，以至職掌重複，事權分散，中央與地方職權混淆不清，不能應付新局面的展開，乃於一九五三年七月將各有關小組予以合併，成立經濟安定委員會，由臺灣省政府主席俞鴻鈞兼任主任委員，而中央各有關機關主管擔任委員。下設四組一委員會，分別掌理金融、美援、財政、農業、及工業等事業。其中之工業委員會以後便成為推動工業及整個經濟發展之主要機構。此一新機構既命名為經濟安定委員會，顧名思義，政策重點仍放在經濟安定上，但實際工作則放在經濟發展上。誠如當時決策方面之名言：「吾人茲已離消極遏止通貨膨脹之保守時期，吾人茲已進入積極發展建設之新時期。」

第一期四年計劃原名為「臺灣經濟四年自給自足方案」，係一九五二年八月至十月間，由臺灣省政府與有關機關會同起草擬訂，至一九五三年七月經安會成立後，始核定名稱為「臺灣經濟建設四年計劃」。計劃主要目的為「繼續增加生產，期望自預定時期起按照生產計劃進行，確能逐漸作到自給自足。但為繼續增加生產，自必須從現在起，大量增加對農業與工業之投資，是以在今後數年內，吾人將更期待美援當局在經濟方面和技術方面，給予此項足以促使自給自足之有意義之援助。」故第一期四年計劃實為一申請美援之計劃，希望藉美援之幫助加強農工建設之進行，取在四年之內能達到自給自足，不再需要美援之目標，因此整個計劃內容均特別著重外匯之節省與賺取，以求達成國際收支之平衡。此就當時情形而言，顯然過於樂觀。在計劃結束之一年，即一九五六年，進口總值（結匯統計）為二二八百萬美元，出口為一三〇百萬美元，貿易逆差仍達九千八百萬美元，由美援進口彌補者達九千六百萬元，佔總進口百分之四二。

第二期四年計劃係自一九五七年起實施，在設計此一計劃之前後，當時環境已有重大改變，若干臺灣經濟發展之基本問題迄今未曾完善解決者，在當時已現端倪：（一）國民所得雖有增加，但遠落在日本及其他經濟進步國家之後；（二）人口增加過速，就業問題日形嚴重；（三）工業發展領域已超越原有工業範圍，不得不求新工業之建設；（四）進口代替品工業已發展至飽和點，必須發展出口外銷，否則不易再予擴大，故發展出口工業已為當務之急；（五）過於偏重輕工業之發展，此為當時增加就業機會著想，固有必要。但如過於偏重，將妨礙大規模現代化工業之設立，久後於國際競爭中，將長期處於不利地位；（六）對國防工業之發展，包括鋼鐵及車輛船舶等，已經注意到；（七）工業產量雖有增加，但設備陳舊，成本甚高，而品質甚低，故研究工作甚為重要，必須在管理及技術方面求繼續進步；（八）應儘量開發利用省產資源，以節省外匯，增加所得；（九）發展出口工業必須注意獲取銷售地政府與人民之合作，故區域性之經濟合作必須強化。以上各點俱已溶合於二期四年計劃中，特別是工業計劃中，惜未能得到應有之注意與切實執行，以至迄今仍為此類問題所困擾。

在綜合當時經濟情況及需要後，確定二期四年計劃之總目標為「繼續開發資源，增加農業生產，加速發展工礦事業，擴展出口貿易，以提高國民所得，增加人民就業，平衡國際收支。」是則經濟計劃已從單純的平衡國際收支，達到自給自足，不再依賴美援，進而注意到所得及就業問題了。在工業計劃中，則更注意到現代大規模工業與國防工業的建立，技術進步，區域合作等等，證以今日的情勢，當時設計人不可謂不高瞻遠矚了。

第二期要年計劃預定至一九六〇年執行完畢，但在一九五八年前後，臺灣經濟已發生重大變化，面臨轉捩點，政府不得不採取若干應變措施，一方面打開當前的困局，一方面為未來的發展舖路。我們所稱的步上坦途的時期，係自一九五三年起至一九五七年止。在這一段期間，無論農工兩方面，都有劃時代的措施與成就，其所採取的發展策略尤值得學術界與落後國家的政府的注意。

如前所云，推動臺灣農業進步係循三個方向進行：土地改革，農業技術改進，及農村社會建設。在一九五三至五八年這段期間，仍繼續向這三方面進行，但土地改革在這一段期間完成了最後一步，實施了耕者有其田，而農業技術方面則更加深了提高土地生產力之基本政策。

實施耕者有其點開始於一九五一年一月之辦理地籍總歸戶，經過長時期之預備工作，到了一九五一年一月立法院通過「實施耕者有其田條例」，才完成立法手續，著手實施。條例之主要內容計有下列幾點：

(一)地主得保留其出租耕地七則至十二則水田三甲，其他等則之水田及旱田依一定標準折算。

(二)征收耕地地價，依照各等則耕地主要作物正產品全年收穫量之二倍半計算。

(三)征收耕地地價之補償，以實物土地債券七成及公營事業股票三成搭發。

(四)實物土地債券年利率百分之四，本利合計分十年均等償清。

(五)承領耕地地價，並按周年利率百分之四加收利息，由承領人自承領之季起，分十年以實物或同年期之實物土地債券均等繳清，其每年平均負擔以不超過同等則耕地三七五減租後佃農現有之負擔為準。

(六)耕地承領人承領之耕地，在地價未激清以前不得移轉，地價繳清以後如有移轉，其承受人以能自耕或供工業用或供建築用者為限。

為補償地主三成地價，經濟部隨即於一九五三年十二月公布「實施耕者有其田案公營事業移轉民營辦法」，將臺灣水泥公司、臺灣紙業公司、臺灣農林公司、臺灣工礦公司所有政府官股全部出售。

實施耕者有其田工作於一九五三年完成，四公營事業移轉民營於一九五四年完成。臺灣自耕地面積原佔總耕地面積約百分之五十六，實施耕者有其田後逐年增加至約百分之八十六左右，可見臺灣土地所有權分配並不如想像中之集中。

實施耕者有其田在中國歷史上並非第一次，在現代民主國家中，也非第一個國家，我們的主要辦法即係仿自日本一九四六年之土地改革。但此次在臺灣地區實施曾受到朝野上下及國際間之重視與讚揚，論者並謂如早年能在大陸實施，則中共不會竊據大陸。此種說法與中共在竊據大陸以前自稱為土地改革者，在基本看法上是一致的，均認為土地改革與否為中共取得大陸政權之首要條件。事實當然不會如此單純，後世史家當有定評。耕者有其田政策在整個中國政治上、社會上與經濟上之重要性如何，須從中國土地所有權分配，社會結構，地主與佃戶之關係，地主在農業生產中所扮演之角色等各方面作詳細之評估方可得到較正確之答案。

歷史學家評論，一九四六年至一九四九年之日本耕者有其田政策，謂其主要目標在於政治與社會改革，而非經濟改革，其對經濟復興與經濟發展之立即影響並不顯著，甚且妨礙多於貢獻，長期影響則難確定。土地改革對經濟發展之影響究屬如何，經濟學家之間並無定論，部分經濟學家認為對農業生產力之提高並無影響。至於我國一九五三年之土地改革對經濟發展之貢獻如何，主持官員認為貢獻重大，此為政治上常有之誇大用語，不足為憑。若干從事研究工作者亦常列舉改革前後農業生產力之變動為證，以證明土地改革之貢獻，此係將此一時期農業技術改進之結果混在一起所造成之錯覺，此一時期正是農業技術大幅改進之時期。

如對一九五三年之土地改革作一較為冷靜客觀之評斷，不含政治宣傳及感情成份在內，則此次改革實為一平均社會財富之社會改革，與照顧農民利益之政治號召，對經濟發展縱有貢獻，亦極微小間接，無法判斷。而即就前兩者而言，以後亦發生若干副作用。在平均社會財富方面，當時取得鄰近都市或工廠之土地之佃戶，以後因經濟發展，土地價格暴漲而成巨富。在政治號召方面，土地改革確曾深獲農民之熱烈擁護，但散居海外不滿政府的臺獨分子，亦大部分為中南部地主之子弟。

土地改革在我國歷史上曾嘗試幾次而均告失敗。此次土地改革已歷時二十餘年而未聞有兼併及新地主產生，此並非此次改革立法完善或執法嚴格所至，而係經濟變遷之結果。土地改革而不伴以經濟發展，使農村剩餘勞力得以外流，農民生活不致因人口過多而陷於饑餓境地，則無論法律如何周密，執行如何嚴格，最後終將在饑餓驅使之下而被迫以各種方式移轉土地，造成富者田連阡陌，貧者無立錐之地的結果。臺灣土地改革在一九五八年前後，已有土地移轉兼併之傳聞，幸而在一九六〇年以後，臺灣工商業呈大幅度擴張，將農村剩餘勞力吸收殆盡，農村生活亦因之再次獲得重大改善，土地移轉兼併現象始得避免。此點值得當前落後國家要進行土地改革者之參考，土地改革而不伴以現代工商業之快速發展，必然失敗。

另一點值得一提者，是土地改革祇適於落後貧窮國家，其重要性隨經濟發展程度而降低，在一個高度現代化之經濟社會，如果仍堅持僵硬之土地改革制度，則整個經濟發展將為之受到阻礙。

臺灣農工業發展的基本政策及若干做法都是在這一段時間形成的，有些一直持續到現在都未有重大改變，現在讓我們來談一下這些政策及措施，從而知道臺灣製造經濟奇蹟的根源。

先從農業說起，人盡皆知臺灣的農業發展有輝煌成就，而輝煌成就的主要來源則是農業技術的改進，農業技術改進又以生物性的改進為主流。臺灣總面積為三五、九八一平方公里，可耕地約佔四分之一，利用率常達百分之九十八以上。欲求增加農業生產以供應不斷增加的人口，唯一可行的途徑便是對單位面積土地不斷增加勞力與資本，以提高其生產力，由於人口不斷的增加，工商業的發展速度不足以吸收過多的勞力，工資非常低廉，大量勞力便被使用到土地上。再由於資本十分缺乏，所謂增加資本的使用便不得不著重投資少而收效大的生物性的改進上。

由此而在一九五〇年代初期形成了臺灣農業發展的基本政策：以單位面積土地為對象不斷的增加勞力與資本，以提高其生產力。農業技術則以使用資本少而收效大的生物性改進為主。所謂生物性的改進包括：（一）品種的改良，臺灣在這方面的成就極大，世界聞名的「臺中在來一號」及栽培面積推廣到二十五萬公頃以上的「臺南五號」品種，都是自力改進品種的結果。（二）施肥量的增加與施肥法的改善。（三）栽培技術的改善。例如保溫秧田、比重法選種、稻種消毒、施用追肥、改進栽培密度等項。（四）新式農藥與殺草劑的使用。（五）輪作制度。（六）間作制度等。在農業技術的改進方面，除了上述生物性的改進外，尚有灌溉系統的改進與輪灌制度的實施，以及小規模的簡單農業機具的改進與使用。

這一政策可說完全是地窄人稠資本少的實際環境的產物。其成功的執行則有賴於農復會的領導推動，農林廳及地方機構的合作，與農村組織的完善，農民的良好接受能力。

在當時，臺灣工業發展的環境亦十分惡劣，甚至不如農業環境。當時的情形是：（一）缺乏工業資源。地下除少量煤藏外，無其他有價值的可供開採的礦產物。地上森林及水產資源不夠，農產資源僅可供製糖、造紙及罐頭食品工業的有限發展，亦產少量之鹽，可供外銷。（二）缺乏資本。當時真可謂民窮財盡，經過艱苦奮鬥之後，人民生活雖稍有改善，然而所得仍低，儲蓄率亦低，淨儲蓄率平均在百分之五左右，毛儲蓄率在百分之九左右，國內儲蓄平均祇佔投資的百分之六十，其餘百分之四十則依賴美援及僑外資。（三）缺乏外匯。國際收支及貿易收支年有巨額赤字，在此期間，美援進口佔總進口價值達百分之四二，亦即平均年有百分之四二的貿易逆差。（四）缺乏技術。經過二次世界大戰，與西方技術幾成隔絕的狀態之下，無論我國大陸或臺灣省，技術及設備均十分落後，戰後在臺灣日本技術人員被遣送回國，大陸雖有若干技術人員來臺，但無論在數量及技術水準方面，均難完全勝任工業發展工作，稍為重要之技術，便仰賴美援支持之美國J・G・懷特公司之顧問。（五）缺乏市場。當時臺灣人口不過一千萬，平均每人所得約在美金一百五十元左右，購買力極為薄弱。國外市場則以成本與品質均無法與人競爭，無法打開。（六）缺乏企業家與現代工商業組織。當時臺灣多為中小型企業，稍具規模之企業則為公營，民間完全缺乏經營現代大規模企業之經驗，亦少與國際工商業接觸。在此種環境之下，自難培養出民間企業家階級，此點嚴重阻礙臺灣民營工業的發展。

面對此種不利情勢，政府除全力發展電力、肥料、與紡織工業外，決定了工業發展的兩大路線，即前述之利用省產原料之工業與進口代替品工業。前者均為初級產品或簡單加工之工業，如媒、鹽、糖、鳳梨罐頭、香茅油等等，此在當時均為主要出口品，賴以賺取外匯者。進口代替品工業除肥料與紡織外，尚有水泥、玻璃、塑膠原料、塑膠製品、人造纖維、合板、橡膠製品、腳踏車、縫紉機、家庭電氣用具、化學及藥物製品等等，此類工業之發展則主要在代替進口貨以節省外匯。

由於缺乏民間企業家與適當的支持經濟發展的金融機構，政府便擔當了此一任務，在發展這些工業的過程中，政府所擔當的任務有：（一）發掘有利的投資機會；（二）擬訂投資計劃並從技術、市場、原料、資金、外匯、成本與售價、及其對經濟之影響等各方面，研究其可行性；（三）逐一解決上述各項問題，在技術、外匯、及資金融通方面由政府給與全力協助；（四）然後擔任發起人，成立投資計劃，招請民間人士接辦。到民間人士接辦時，幾乎所有問題均已解決，民間人士僅接收經營而已，除此以外，還常享有官價外匯下及低利融資的優待，在當時仍有相當程度的通貨膨脹及外匯官價與黑市相差懸殊的情形下，此種優待實際上等於贈與大部分資金給民間接辦人士。然而即使在如此優厚條件下，有

表三　耕地面積與農業人口表					
年次	耕地面積（千公頃）	農戶數	農業人口（千人）	每一農戶耕地面積（公頃）	每一農業人口耕種面積（公頃）
1952	876	679.750	4.257	1.29	0.21
1953	873	702.325	4.382	1.24	0.19
1954	874	716.582	4.489	1.22	0.19
1955	873	732.555	4.603	1.19	0.19
1956	876	746.318	4.699	1.17	0.19
1957	873	759.234	4.790	1.15	0.18
1958	883	769.925	4.881	1.15	0.18

資料來源：經設會統計手冊

時仍難有民間人士出面接辦，新竹玻璃廠與臺灣塑膠公司現在俱為利潤優厚之著名工業，均係政府所一手策劃創辦，在創辦當時均曾經歷一段困難時間，方覓得民間人士接辦。

從上述，可知一九五〇年代初期之工業政策，一如農業政策，亦係為環境所決定，為適應環境之結果。

以上農工業的基本政策，不僅為臺灣的經濟發展奠定了堅強的基礎，也一直支配臺灣的經濟發展方向，其支配力量直到今天仍未減弱。我們回想當時的情形，不能不對當時適應環境的力與採取正確政策的眼光表示敬佩。

五、工業快速成長（一九五八～一九六一）

臺灣經濟發展到了一九八五年左右，達到了一個重要的轉捩點，政府採取了許多措施來便利及加速這種轉變。到了一九六一年前後，轉變大致完成，遂展開了一九六二年至一九七二年這段期間的高度成長，高度穩定。我們稱一九五八至六一年這段期間為第一次轉變時期。

有很多因素迫使臺灣經濟要作重大的轉變，首先是農業發展所受到的限制。在當時，現代的漁業及畜牧業技術尚未大量引入，這兩業的發展受自然環境的限制，極為有限，其產值佔農業總產值的比率不到百分之十。故農業主要係以農作物主，但在土地面積等於固定不變，農業人口不斷增加的情形下，不但單位耕種面積日漸縮小，影響每一農村人口的所得及生活水準，而且隱藏失業的情形也日形嚴重，如果沒有一個長期巨大的出路容納這些不斷增加的人口，則農業及農民生活必將逐漸陷於絕境，土地改革的成果也不能維持，政治及社會安定也將受到不利影響，因而重蹈二千多年以來的覆轍。以下是自一九五二年至一九五八年期間，農業人口增加，單位耕種面積縮小的統計數字（見表三）。

從表三可知，七年以來農業人口增加了百分之十五，而耕地面積幾乎沒有變動。每一農戶的耕地面積由一・二九公頃減至一・一五公頃，減少百分之十一。每一農業人口的耕地面積也由〇・二一減至〇・一八，也減少了百分之十四。這種趨勢自然不能聽其繼續下去。

較農業情形更為嚴重的是工業。前面曾經說過，當時的工業係分兩大類發展：一類是以省產原料為主的農產加工工業或初級工業，這類工業的產品構成當時的主要出口品。但由於受到自然資源的限制，無法大量投資及增產，故發展前途甚為有限；另一類則是進口代替品工業，這類工業到了一九五八年前又受到國內市場飽和，無法進一步發展的限制。為避免經濟資源的浪費，及個別企業因缺乏市場所遭遇的困難，曾有限制設廠的辦法，包括紡織、水泥等等重要工業在內，無論新廠的設立及舊廠的擴充，都須經過工業當局根據當時市場情形予以審核。工業產品國際市場未能打開的情形可以從出口內容的變化看出來。一九五二年的農產品及農產加工品的出口值，佔總出口值的百分之九一・九，到一九五八年，仍佔到百分之八六，其中糖一項即佔到百分之五二，米佔百分之一七，兩者合計佔百分之六九。換句話說，出口仍以糖米為主，工業產品因無國際市場，出口微不足道。

正在農工兩方面的發展都受到嚴重阻礙之際，人口卻在大量增加。自一九四七年至五七年，十年之間，人口由六百八十萬增到一千萬，增加了三百二十萬，增加率為百分之四八，自一九五三年至五八年，平均每年增加率為千分之三六，這是一個相當高的增加率。在同一期間，經濟成長率平均每年為百分之七・一，自一九五六年以後至一九六一年，經濟成長率均在此一平均數之下。這產生了兩種結果：一種是經濟發展的一點成果，很大一部分為人口增加所抵銷；另一種是經濟成長的速度不能提供足夠的就業機會，使失業現象日益嚴重。

現在情勢十分明顯：在現有技術水準之下，農業受自然資源的限制，無法進一步發展；工業又受到市場的限制，也無法進一步發展。而人口則以高成長率增加，不但失業問題嚴重，而且長此以往，一千多萬人的生存都將受到威脅。這逼迫我們不得不向外求發展，打開一條國際市場的路，如果這一條路能打開，臺灣經濟發展前途無限。通往國際市場的路總是在那裏，問題還在我們有無能力使一個內向的經濟轉變為外向的經濟，這需要在各方面作努力。在一九五八至六〇年前後這一段期間，政府便作了各方面的努力，而轉向的工作也得以順利完成。

前面曾經提到過，在一九五三年實施第一期四年計劃時，政府曾欣然色喜的說過：「吾人茲已離消極遏止通貨膨脹之保守時期，吾人茲已進入積極發展建設之新時期。」但在步上坦途的這段期間，經濟穩定仍是整個經濟政策的重點，即以在一九五三年設立經濟安定委員會一點便可證明。直到一九五八年前後，才算真正將政策重點從經濟穩定移向了經濟發展。一如以前的情形，轉移的第一步便是調整機構：一九五八年八月，行政院會議決定撤銷經濟安定委員會及所屬之工業委員會。九月，行政院美援運用委員會改組，接納合併工業委員會之發展業務及主要人員，隨後並在委員會下設立工業發展投資研究小組，將一單純運用美援之機構，轉變為一除農業外，負責推動全面經濟發展的機構。由於其實際主持人兼管外匯貿易及金融，將美援、外匯、金融、貿易、經濟設計及執行權責集中於一人，故任事得以得心應手，進行了多項的改革與建制，能夠於三數年之內順利的將經濟轉向成功，開創以後高度成長高度穩定的新局面。

自一九四九年起，至這一時期開始時為止，為穩定經濟，平抑物價，及平衡國際收支，以及防止某些部門過度投資，浪費資源，曾對若干經濟活動採取直接干預與管制，包括對重要商品及勞務之限價，進出口貿易及外匯管制，限制設廠等等。此類管制係以行政直接干預市場機能，對經濟發展與資源之合理分配均有不利影響。現在政策既已轉變，自應將此種管制取銷，恢復市場機能，以利經濟之發展進行。於是除農業部門之若干管制如肥料換穀，限價收購等仍保留外，其餘管制包括對重要商品與勞務之限價及設廠限制等，均在此一時期陸續解除。其中以外匯貿易管制之解除最為艱難，影響亦最深遠，而且若干管制即使至今日尚在繼續中，有加以詳細敘述之必要。

一九四九年六月臺幣改革時，對進口外匯係採取自由申請制度。以後由於國際收支日益困難，管制遂不斷加嚴。一九五〇年十二月產業金融小組決定實施外匯審核制度，每星期審核一次。一九五一年四月實施金融新措施，在產金小組之下設置進口外匯初審小組，每週就三十四類進口物資分配外匯，另設普通匯款初審小組，負責匯款結匯申請之審核。一九五二年十月以後，預定每週核配進口外匯以一百萬美元為度。一九五三年四月採用登記卡制，五月並實施分級申請辦法。七月，臺灣省政府外匯貿易審議小組成立，對進口外匯申請及審核實施實績制度，進出口實績合併計算，並設置每兩個月為一期的進口配額預算。嗣後又規定每家貿易商進出口實績總額超過十萬美元者，超過部分列為藍卡實績，應以半數接受工廠委託進口器材原料。有貿易登記之工廠，其進口實績列為紫卡實績，以進口器材原料為限。一九五五年二月，外匯貿易審議委員會成立，實施進口物資預算制度，每類進口物資均有一進口外匯配額，成為配額制度。

與外匯管制同時並行的有複式匯率制度。一九五〇年三月即開始採用二元匯率：即每一美元兌換新臺幣五元的官價匯率，與「代購公營事業結匯證價格」，當時為每一美元兌新臺幣七元五角兩種匯率，後者適用於進口商一般進口貨品。出口商向臺灣銀行結售外匯時，百分之二十為官價結匯，百分之八十領取結匯證。以後逐年演變至一九五八年四月外匯改革時，複式匯率月十幾種之多，隱蔽的匯率還未計算在內。

自一九四九年六月至一九五八年四月，前後約十年的時間，外匯貿易管制雖經過多次演變，但有幾個共同的特點：（一）藉嚴格的進口管制，以維持國際收支的平衡；（二）對於重要經建物資和若干生活必需品的進口給予優惠匯率，前者在鼓勵或至少不妨礙經濟發展，後者則在減輕通貨膨脹的影響，並維持社會的安定；（三）對於政府的大宗出口或利潤優厚的民間出口適用一般匯率，對於其他出口則適用較優惠的匯率；（四）為避免匯率變動影響物價，採取釘住政策。

此種複雜的外匯貿易管制與進口預算及配額制度，以及多元的複式匯率，正是二次世界大戰後各遭遇經濟困難的國家，特別是正在發展中的國家，所普遍採用的辦法。事實上，若干國家所採用的外匯貿易管制之複雜與匯率之多，遠超過我國。此種將進口的數量管制與成本管制混而為一的混合管制，如果執行得當，確實可以做到國際收支的平衡，而又能兼顧經濟穩定與經濟發展。但另一方面，弊害卻極大。它不僅如教科書上所說的，使市場機能消失，資源分配不當，消費者受到損害，經濟發展受到阻礙，尤其重要的，是由行政來代替市場機能作決定，引起行政上的腐敗與貪污。以上僅是就一個國家而言，如就國際的立場來說，則此種制度對國際間的商品、勞務、資金的流通，都有阻礙作用。因此之故，國際貨幣基金及若干進步的大國均表反對，希望逐漸解除此種管制。事實上，在戰後經濟情況不斷獲得出口後，此種管制確已在逐漸解除中，現在複式匯率可說已不存在，而進口數量管制也已遠較戰後初期為少。我國因經濟情勢改進甚快，早在一九五八年即已作大幅度的放寬與簡化了。

管制就像滾雪球，愈滾愈大。這是因為任何管制必有缺漏，為彌縫缺漏，不得不將管制加嚴加密，而經過加嚴加密後之管制又發現新缺漏，又不得不進一步加嚴加密。如此累積不已，必致無人不管，無事不管，而造成無法處理的程度。此時唯一的解決解法，便是一次將所有管制全部或大部解除掉，拋掉包袱。先是由簡入繁，後是由繁入簡，甚或由繁化無了。我們在一九五〇年代實施的外匯貿易管制正是此種情形，在逐年加嚴加密之後，至一九五八年改革的前夕，實已到了處理維艱的程度，其對經濟活動的妨礙，特別是對經濟發展的妨礙；其繁複的手續與大量行政人員的需要；其對行政腐化的作用；其製造不當得利的情形，都已到了不能忍受的程度。而另一方面，整個經濟演變改進的情勢，已不復需要此種嚴格的管制，反之，卻需要有一較為自由的外匯貿易操作，以便利當時經濟發展的展開。於是遂在一九五八年四月十二日由行政院公布了「改進外匯貿易方案」及「外匯貿易管理辦法」，這即是關係以後二十年經濟發展的一次改革，改革的內容如下：

（一）**匯率的簡化與調整**，共分四次進行。第一次改革於一九五八年四月十二日實施，將舊辦法中十餘種匯率簡化為兩種：一種為臺銀掛牌之基本匯率，每美元折合新臺幣二四・七八元（進口匯率為準），適用於甲種進口物資，即糖、米、鹽、肥料、黃豆、小麥、棉花、原油、重要機械與政府結匯等；另一種基本匯率加結匯證，結匯證價格由市場決定，適用於不屬於甲種物資範圍之結匯。第二次改革於一九五八年十月二十一日實施，規定所有進出口物資及政府結匯均應繳付結匯證，結匯證有兩種價格：一為臺銀牌價一一．六〇元，適用於甲種物資與政府結匯，一為市場價格，適用於一般外匯交易，實施當時兩種價格十分接近，故實際上祇有一個匯率，即三六．三八元（24.78＋11.60＝36.38），但以後自由市場結匯證價格上升，仍為兩種匯率。第三次改革於一九五九年八月十日實施，將基本匯率訂為三六．三八元，對出口結匯則核發代表全部出口價值的新結匯證，可在市場自由買賣，買賣價格即為自由市場匯率，進口亦適用此一匯率。當時臺糧公司出售結匯證掛牌價格為每一美元折合臺幣四〇．〇三元，此即當時之實際匯率，以後將此一匯率逐漸擴大適用範圍，至一九五〇年七月一日，規定臺銀結匯證牌價四〇．〇三元為匯率標準，並通知國際貨幣基金我國匯率已單一化。第四次改革為一九六三年九月二十七日，宣佈取消結匯證，建立單一匯率制度，由中央銀行掛牌，銀行買進匯率為每美元折合新臺幣四〇元，為基本匯率，賣出則由四〇．〇三元改為四〇．〇一元，於是自一九五〇年三月開始採用的複式匯率制度，至此復歸統一，並採取釘住匯率制度，此為當時所有進步國家之共同匯率制度。

（二）放寬進口限制。一九五八年四月改革外匯貿易時，仍採用每三個月為一期之進口物資預算，但將二十餘類進口物資合併為七組，並廢除每類最高申請百分比。一九五八年八月取消分組預算，祇規定每期進口總預算，在預算之內自由申請。是年九月，取消每期進口物資預算，改為每星期申請兩次，由貿易商自由申請。此外，對進口貨品種類之限制亦放寬，先後開放進口之貨品達一百三十餘種。至於民營工礦企業進口原料及修護器材所需外匯，過去亦係按期核定總額照各企業實績核配。一九六〇年十二月外貿會公布「民營工礦企業外匯申請及結匯辦法」，各民營企業可按實際需要自由申請進口所需外匯，惟為保護國內工業，仍須經過嚴格之審核。

（三）加強鼓勵出口辦法。一九五六年八月實施「輸入原料加工外銷輔導辦法」，採取登記外匯制度，加工品出口時，得按其原來所需進口原料比率，登記使用出口所得外匯，進口原料再加工出口之用。一九五八年四月外匯改革時，為加強鼓勵出口，規定加工輸出得全數為登記外匯，並得轉讓予同業使用，以進口供內外銷之用。由於此種原料多數列為管制進口類貨品，因此登記外匯售價較普通匯率為高，形成隱藏式之複式匯率。若干工業對進口原料收取合作基金，對成品輸出發給獎勵金，亦構成隱藏式之複式匯率。對於出口之獎勵，除上述辦法外，尚有減少出口管制及簡化手續，機動調整出口底價，簡化退稅手續，豁免港工捐，擴大外銷貸款，充分供應加工原料等項。

從以上的敘述，可知此次外匯貿易改革實是一次「膽欲大而心欲細」的改革，在多年恐懼通貨膨脹及層層管制的情勢下，毅然從事匯率的調整及管制的大量解決，不僅要有勇氣負擔風險，而且要有氣勢足以說服朝野的反對者。但另一方面，此次改革並非不顧一切的孤注一擲，而是審慎策劃，分段完成的。整個改革的重點表面上似乎放在簡化複式匯率，使其逐漸單一化，及簡化管制手續與放鬆管制程度上，實際上則是調整匯率，使其符合真實情形，以打開產品外銷出口。一九五八年四月之最低匯率為二四・七八，一九五九年八月之最高匯率為四〇・〇三，升高百分之六二，此亦即政府公開將新臺幣貶值之幅度。此一使經濟轉變得以在短期內完成，並關係此後將近二十年之經濟發展與繁榮之改革，其影響最大者即為匯率調整至真實程度，其餘改革均屬次要。

此次為適應新的經濟情勢所作的改革是全面性的，不僅涉及所有的經濟面，而且還涉及行政面。此次改革也是政府為建立一個現代國家在臺灣所作的第一次嘗試，雖然政府未作公開宣示，但我們追想當時的情形，確有跡象可循。為對行政方面作一徹底改革，故總統　蔣公曾於一九五七年元月指示行政院及所屬機關組織權責研討委員會，就中央與地方對內對外機構之權責、人事、經費、法令、組織等，徹底予以研究整理。此一行政改革嘗試可謂完全失敗，不僅執行失敗，研究報告及建議本身即為一失敗，殊堪惋惜。至於經濟面之改革，有成功，亦有失敗，前篇所述之外匯貿易改革即為成功之改革，而本篇即將敘及之十九點財經改革措施則為一失敗之改革。

為適應新的經濟情勢，及預期美援結束為時不遠，必須早作自力更生，乃於一九五九年底提出「加速經濟發展計劃大綱」，作為努力的準繩與目標。此一大綱之擬訂曾與美國駐華安全分署充分交換意見，以後即成為自一九六一年至一九六四年促三期四年計劃之基礎。根據此項大綱：（一）在第三期四年計劃期間，國內生產毛額將自一九六〇年之十億四千萬美元（預估數，並以一九五八年幣值為準）增至一九六四年之十四億二千萬美元，按複利計算，年增加率為百分之八。（二）個人所得在同一期間將個八三・九〇美元增加至九九・五〇美元，每年增加率為百分之四・五。（三）增加就業三十萬人，可與增加之需要就業人數相當。（四）政府預算仍難平衡，前兩年且有擴大趨勢，後二年將大幅減少。（五）國際收支逆差可自一九六一年之一億四千萬美元減至一九六四年之七千九百萬美元，在同一期間，出口自二億二千萬美元增至二億九千萬美元，進口自三億四千萬美元增至三億五千一百萬美元。同時希望在一九六四年可有一億美元之外匯準備，以穩定經濟。（六）四年投資至少需十一億二千八百萬美元。（七）欲達到上述目標而又不影響人民現有生活水準，則需美國經援二億四千萬美元，即每年六千萬美元。

此一加速經濟發展大綱以現在的眼光看，實在算不了什麼，更談不上加速，但在當時擬訂大綱時，卻是達到了經濟能力所能承擔的極限。因此一方面喊出「加速經濟發展」的口號以勉勵國人；一方面頒佈十九點財經改革措施，全面革新投資環境以期能順利執行此一大綱。

在與美方磋商加速經濟發展計劃大綱時，美方即以安全分署署長郝樂遜署名送交我方備忘錄一件，列出八點財經方面需要改革之處，我方於研究此一備忘錄內容後，深覺其範圍並不周延，若干須要改革之處並未包括在內，於是一方面根據當時正在進行革新之財經措施，一方面審度當時實情應該發動進行之新改革，擬訂了十九點財經改革措施，並將安全分署備忘錄中所提到的八點吸收在內，構成一全面性的財政、經濟、金融革新計劃。

這個新計劃的內容如下：

一、屬於經濟發展方面，共有八點：①鼓勵儲蓄，節約消費；②建立資本市場；除採取保證民營企業發行公司債、協助成立中華開發信託公司及交通銀行復業外，並積極籌設證券交易所，逐步開拓資本市場；③以往為應付經濟危機所採取之各項管制措施，將作通盤徹底檢討，儘速解除或儘量放寬；④今後將進一步將若干公營事業轉移民營；⑤在租稅、外匯管理與資金融通各方面所給與民間投資之便利及優待，將再予加強，並簡化手續；⑥現在就投資者申請投資設廠手續，獲取工業用地手續、出入境手續、及所有投資設廠及經營企業有關法令，作廣泛檢討，分別針對實際需要加以修改；⑦將就公營事業（包括軍事生產事業）設備，作普遍檢查，對於未能充分利用之設備器材，當設法加以充分利用；⑧對於公用事業費率之決定，將謀求合理之長期解決辦法，並考慮公用事業費率委員會之設立。

二、屬於預算方面，共分六點：①今後當繼續執行精兵政策，推行退除役辦法，並將國防費用，按固定幣值計，維持於目前之數額；②整頓並改進租稅制度及稅務行政，以協助資本形成及經濟發展；③預算制度擬再加改進，並逐步推行績效預算制度，使能反映當時經濟情形與政府政策，及確實核計成本與工作效率；④為使軍政方面之真實費用及公營事業盈虧能在預算上明白表現計，各類變相補貼如公用事業費率之優待，廉價物品之配售，採購物資之記賬，低利貸款等，均將予以取消；⑤軍公教人員薪給微薄，致包括各種變相津貼及福利，易滋流弊，應將薪給加以調整，並取消各種隱藏之津貼福利，並實施退休制度；⑥對於軍費支出，將加強稽核。

三、屬於金融方面，共有三點：①將建立中央銀行制度，使負責調整利率與信用，進而對信用加以控制，以穩定經濟。臺銀之代理中央銀行業務及普通銀行業務，應嚴格劃分；②對於辦理存放款業務之機構，將一律納入銀行系統，受代理中央銀行之臺銀控制；並對目前臺銀對其他行庫之控制辦法與技術，作徹底之檢討；③各銀行之業務，將依其性質予以劃分，並加強監督，務使各銀行各就其本身規定業務，謀求發展，並避免短期資金流於長期之用。

四、屬於外匯方面，共分二點：①外匯貿易改革之目的，在建立單一匯率制度，並視國際收支情況之許可，儘量放寬貿易管理，以求達成新臺幣之自由兌換；②應從擴大鼓勵出口措施，簡化出口結匯手續，加強與國外之商業接觸等多方面努力，謀求出口之進一步擴展。

十九點財經改革措施一如歷次之四年經建計劃，僅屬於政府內部之文件，並未正式完成立法手續，或由政府明令公布實施，故對各有關方面並無約束力。當時雖在行政院內設立一類似監督執行之小組，監督執行，每月召開一次或二次會議檢討執行進度，小組召集人由副院長主持，然並無實際效果。政府有關機關及人員，包括監督小組在內，並不了解改革措施之真正意義，同時由於此一措施係由美援會提出，其他機構並不真誠支持，決策階層亦無決心貫徹，最後終於流為形式而告失敗，而建立一現代經濟與現代國家之第一次嘗試，亦告幻滅，惜哉！

在此一轉變時期，除個別項目的革新外，成套的革新措施有三個；外匯貿易改革，十九點財經改革措施，及獎勵投資條例。前兩者已於前面述及，茲就第三項作一簡單敘述。比較而言，前兩者為消極的掃除或減輕出口及投資的障礙，建立適當的經濟發展環境；第三項雖亦在減少障礙，建立適當環境，但寓有積極的推動經濟發展之意義，在意識形態上為一重大進步。

當時投資，有三個重大的困擾；稅捐負擔沉重，成本太高；投資手續太過複雜，曠日廢時，基層行政人員且有藉此繁複手續對投資者索取費用者，以至投資者裹足不前，或者到處抱怨；為防止耕者有其田制度受到破壞，對土地所有權之移轉有嚴格之限制，因而對工業用地之取得有重大之妨礙。對於此種情形，政府早已採取若干零星措施以謀改善，例如對出口品之減免稅即早已在實施之中。但一則辦法過於零星，再則若干措施僅憑行政命令，無法律根據，效力有限。若個別修訂法令，則因牽涉範圍太廣，法令太多，時間上及人力上均不容許。於是利用特別法優於普通法之原則，將有關此三方面需要採取之措施彙集於一個法案之內，定名為獎勵投資條例，以一次立法解決所有此三方面之問題，是即獎勵投資條例立法之由來。

獎勵投資條例於一九六〇年九月十日公布施行，總共五十二條，分為五章，除第一章總則及第五章附則外，主要內容祇有三章：第二章稅捐減免，第三章工業用地之取得，及第四章公營事業之配合發展。獎勵投資條例顧名思義，自在獎勵民間投資。所謂公營事業之配合發展亦係指（一）政府得以公營事業之土地、廠房、機器、設備、勞務及其進口關稅應收之款，配合民間投資，共同經營；（二）公營事業如何移轉民營；及（三）以公營事業移轉民營所得之款設立開發基金，用以開發民營事業。以上二、三、四三章，除第四章未執行外，其餘二、三兩章關於稅捐之減免及工業用地之取得，對投資人利益極大，確曾收到很大的效果。

獎勵投資條例為一臨時性措施，故在頒行時，祇訂定施行期間至一九七〇年十二月三十一日，期能在此十年之內，就本條例所涉及各項逐年加以改善，期滿之後，不再需要此一特別立法，而投資活動已能在改善後之正常環境中順利運行。但事實發展並不如此。本條例頒行後，即唯本條例是賴，對於有關各項並未各就本位加以改善。因此在十年期滿後，又復延長十年，而且內容愈擴愈廣，尺度亦愈來愈寬，而對此一條待之依賴也就愈來愈深。如此不經由正常途徑對一般投資環境加以改善，而依賴此一特別法支持局面，殆非始料所及。然亦可見出本條例對促進投資之重要性，以證明其為一成功之立法。

此外，有幾個對經濟發展關係極為密切之機構，亦係在此一時期設立或恢復作業，值得一提：

（一）中央銀行復業。一九四九年中央政府遷臺時，中央銀行亦隨之遷臺，但未恢復營業，斯時無論發行、代理國庫、融通國庫及其他銀行資金等中央銀行應有之業務，均由臺灣銀行基於當時現實承辦，而成為事實上之中央銀行，此自為一時權宜之計。至一九五八年，臺灣無論政治及經濟均已趨正常。撤退時混亂局面早已結束，尤其經濟方面，加速經濟發展已成為迫切之需要，而發展經濟的要件之一便是要建立健全的金融制度，於是於該年命中央銀行籌備復業，於一九六一年籌備成熟，同年七月一日正式宣佈復業，並明定復業後中央銀行之任務為：「應建樹健全銀行制度，領導全國金融，鞏固幣信，促進生產，以協助經濟發展，增進國民所得。」此已超越傳統中央銀行任務，而注意到了經濟發展了。

（二）交通銀行復業。依照交通銀行條例，交通銀行係經國民政府之特許，為發展全國事實之銀行。隨政府遷臺後，僅保留一總管理處，未實際經營業務。至一九六〇年二月乃核准恢復營業，作為促進經濟發展之公營長期資金銀行，惜至今日止，始終未能執行此一任務，現正籌劃改組為開發銀行中。

（三）中國銀行復業。中國銀行為辦理國際匯兌，融通進出口貿易及其他國際交易之銀行，隨政府遷臺後，亦暫停營業。至一九六〇年十月，亦為因應臺灣經濟發展之需要而恢復營業。一九七一年，中國銀行移轉民營，改組為中國國際商業銀行。

（四）設立中華開發信託公司。自一九五〇年美援恢復起，經辦美援之機構實際負起開發銀行之任務，此尤以一九五八年改組後之行政院美援運用委員會為然。但此終非長久之局，決策方面深感有設立一開發銀行，以接替美援結束後之長期資金融通任務。當時在使交通銀行復業或新設一機構之間，及新設機構應為公營或民營之間如何抉擇，頗費商酌。最後，為使此一機構不受傳統銀行作風及人事之約東，及不受公營事業所受之干涉，乃決定新設一民營開發銀行，定名為中華開發信託股分有限公司，後為便於提倡股東參加投資，改名為中華開發信託投資股分有限公司。資本當時定為新臺幣八千萬元，分為八萬股，民股為五六、五三〇股，其餘二三、四七〇股由中國、交通，及臺灣銀行認購。另由美援相對基金撥貸五億元，無息。故此一機構實際上亦係運用美援從事經濟發展之機構，欲其接替美援會從事融通經濟發展之任務，十分明顯。此一機構成立於一九五九年五月，迄今未能發生預期之作用。

（五）設立證券交易所。遠在一九五〇年初期，臺北即有非正式之證券交易，投機性極大，頗為社會所詬病，於是有設立公開之證券交易所，納證券交易於正軌之議。惟由於經濟並不發達，能上市之合格證券種類及數量均不夠，深恐一旦設立證券交易所後，不惟匯集長期資金之功能不能實現，反將成為合法之公開投機場所，有礙經濟穩定，於是拖延未決。但證券交易與投機則始終未曾停止。一九五八年後，由於經濟之快速發展，對於建立長期資金市場之需要日感迫切，終於一九五九年三月在經濟部成立「建立證券市場研究小組」，隨即於一九六〇年九月成立經濟部證券管理委員會，一九六一年十二月設立臺灣證券交易所，次年二月開業。但於開業之後，迄未發生便利長期資金籌措之功能，反而成為一公開之投機場所，一如一九五〇年初期後各方建議設立證券交易所時，政府方面所顧慮者：「設立證券交易所之後……其作用最多不過如抗戰前之上海證券交易所，開拍之證券有限，而且交易者限於少數投機集團，與一般人民儲蓄及產業資金不發生關係」。當成此種情勢之主要原因有：①對於證券交易之管理應嚴的地方過寬，應的地方又過嚴；②合格之證券甚少，而且多不願上市；③股票上市之公司製造假帳與假財務報告期騙投資大眾，而無法防阻；④一般民眾不習慣於證券投資，幾次投機性之巨大起伏後，更使投資大眾裹足不前。

（六）設立工業發展投資研究小組（簡稱投資小組），一九五九年十二月在行政院命令之下，於美援運用委員會內設立「工業發展投資研究小組」，其任務為：①作為與投資有關的各政府機構的總聯絡站，調和各機構有衝突性的措施與看法；②作為溝通投資人，民間生產事業，與有關政府機構的橋樑，傳達與調和彼此的看法，合理滿足投資人的需要，並使政府機構順利完成任務；③作為研究與投資有關各種因素，及經濟注視實際發展的中心，並向政府及投資人雙方供給情報，提出建議，向一般人民及民意機構解說真相，④作為對投資人的服務站，協助投資人進行投資活動，減少投資人的困難，並使投資人有一個尋求協助與諮詢的總對象。此一機構在成立之初，確實能朝此一方向努力，對當時投資之促進及經濟之快速發展，確實有良好貢獻。可惜在時間久了以後，對於當初設立時所賦與之任務漸趨模糊，逐漸向兩方面演變：⑴偏重對外國人在臺投資之服務，忽略國內投資之促進，以致本末倒置；⑵注重靜態工作及文書政治，對實際動態工作漸漸放棄。一九七三年六月，經濟合作發展委員會改組為經濟設計委員會，此一機構以投資業務處名義併入經濟部，當初設立之任務及工作精神遂不復存在了。

以上已將自一九五八年至一九六一年臺灣濟面臨轉捩點的時期，政府所採取的重要因應措施及有關機構的調整，作了一簡單的敘述。從這裏可以看出當時主持經濟發展者對經濟發展情勢反應之快速與正確，採取因應措施之決斷與勇氣，以及在短短約四年之內，所採取的措施之多與工作之努力。如果我們了解當時所解除的若干管制，是自一九三七年抗日戰爭以來所逐漸形成的管制觀念與管制辦法，如果我們了解在一九五八年至六一年期間，臺灣本質上仍為一落後之農業經濟社會，對工業經濟社會之性質及環境仍十分生疏，如果我們了解當時濟仍未十分穩定，四年期間，平均每年躉售物價上升百分之七・三，消費物價上升百分之九・六，則對當時何以能作如此之革新，定必更會感到驚奇。原因何在，自難得到確定的解答，茲試列幾項原因如下：（一）當時領導階層盛年將過，亟欲在未過之前有所表現，在心理上及事實上彌補大陸淪陷之創痛；（二）主持經濟發展者得到領導階層之充分信任與支持，可以放手做事；（三）主持經濟發展者之個人條件，如勇氣與決斷、識見，能吸收新事物，勇於為公而不計個人利害；（四）當時經濟環境有一條壓力，不如此適應即不能解決問題，此點在本節一開始即曾指出，當時是正面臨轉捩點；（五）最後一點，可能是相當重要的一點，為美國援華分署在政策上所作之建議及對我國所採取因應措施之督促，以及對此等措施採取後所給與之精神上與實質上之支持。前述郝樂遜分署長致送我國八點政策建議即是顯例。而平常雙方各階層人員之互相交往，交換意見，亦產生難以估量的無形影響。

在此期間所作之改革措施，雖然為以後十餘年之快速經濟發展奠立了良好的基礎，並使臺灣由一農業經濟成功的轉變為一現代的工業經濟，成為整個國家命運前途之所寄。但不幸的是所產生之力量，其強度不足以從內部產生自我持續的經濟成長（Self-sustained growth），亦不足以使臺灣經濟自動進入重工業境界，能趕上西方進步國家，一如日俄兩國之情形。其原因將在本文總結時作詳細之分析。

正在我國經濟面臨轉捩點，政府作各種適應努力之際，國際經濟情勢亦發生有利於我國之重大變化。這可分為幾方面：

（一）第二次世界大戰結束後，在美國大力領導與大量援助之下，不僅各受戰爭破壞國家之經濟得以迅速復興，而且出現空前未有之國際經濟合作，國際間財貨、勞務與資金交流之限制不斷減輕，促使各國經濟有不斷的快速成長。

（二）戰後不僅各進步國家得以專心致力於經濟發展，即落後國家一則受戰爭時與進步國家交往頻繁之影響，再則受國家主義興起之刺激，亦全力從事經濟發展。

（三）在二次大戰期間因應戰爭需要在科技及管理方面所產生之發明，在戰後大量移用於民用生產上，使各企業生產力大量提高，成本大幅降低，並有大量之新產品進入市場。

（四）由於新油田之發現，使能源供應充裕，而且價格低廉，其他初級原料情形亦復如此。

（五）綜合以上各有利因素，遂使戰後經濟得以維持不斷之高度繁榮局面，世界平均成長率持續上升，全世界人民所得增加，生活改善，國際貿易長期出現賣方市場，供應民生必需之輕工業製品暢銷世界各地。

（六）另有一點與我國經濟發展有特殊關係者，為世界各國經濟結構之改變，特別是日本經濟結構之改變。在第二次世界大戰後，原來之工業進步國家，一方面由於技術之進步及工資之不斷上升，逐漸放棄原有之輕工業而進至較為資本及技術密集之工業，另一方面則由於輕工業之技術已普遍傳到落後國家，更由於落後國家工資低廉，而此類工業所需資本較少，於是成為落後國家所優先發展之工業。在此種轉變中，尤以日本之轉變對我國經濟發展有極大之影響。在二次大戰前，我們所習見之日本產品為東洋花布、東洋傘、東洋腳踏車等等。換言之，那時日本在國際市場上所能推出之產品多為輕工業製品。但自二次世界大戰後，日面即決心改變其經濟結構，埋頭從事技術及資本密集產業之發展，以取代以前之輕工業。此項改變約在一九五五年前後開始產生效果，從此以後，日本工業結構即不斷趨向技術及資本密集工業，其出口亦改為精密儀器、電子用品、鋼鐵、造船、汽車、重機械等等。原先出口之紡織品、三夾板、腳踏車等等輕工業製品，即使續有出口，亦改向高級產品。出口次級產品之國際市場逐漸自動或被迫讓出，而為我國、香港，及以後之韓國所取代。如無此種轉變，我國以一開始工業化之國家，要想打入國際市場與進步國家，特別是緊鄰之日本產品競爭，真是談何容易。

即是在此種國內外有利情勢下，我國經濟得以順利轉變，由一落後之農業經濟，轉變為進步之工業經濟；由一進口代替之經濟，轉變為一以出口為主之經濟，於是遂展開十餘年之高度成長與高度穩定。

六、高度成長高度穩定的時代（一九六二～一九七二）

這一時代約自一九六二年起，一九七二年止，這是迄至今日為止，臺灣經濟發展的黃金時代，自一九四九年中央政府遷臺以來在經濟方面所作的努力，在這一時代都已開花結果。

上面已將臺灣經濟面臨了轉捩點，政府所作的種種政策措施及革新作了一簡單敘述。以此種政策措施及革新為基礎，政府展開了大幅度的新建設，終於在十年之內，將一個落後的農業經濟轉變成一個進步的工業經濟，在一九六一年至六四年所實施的第三期四年計劃中，政府便作了如下的具體策劃：

（一）**發展外銷工業**。就現有工業中挑選若干項生產規模、設備、技術及管理均能合乎或接近國際水準，其產品品質與成本可與外國競爭者，繼續發展，將其產品逐漸轉向外銷市場。紡織、塑膠、塑膠原料與其製品、玻璃、水泥、造紙、夾板、煉鋁及鋁製品等業，以及擬議發展中之石油化學工業，均有發展可能。而外銷工業中，又以利用本地原料加工製造，及進口經加工後其產值增加比例較大者為第一優先，而以進口原料加工所增產值比例較小者為次優先。

（二）**發展能源工業**：電力、燃煤以及石油產品等，為工業發展之基礎，故應配合需要，儘量利用國外援助，加強電力之開發，並加強煤業調節工作，製訂適當之煤價政策，使煤價合理化，以期生產正常。

（三）**發展重工業**：重工業為工業發展之關鍵所在，其產品均屬資本物資。我國經濟欲求長期穩定發展，則非發展重工業不為功，但鑒於發展重工業之困難，應就資金與市場審慎籌劃，就稍具基礎之鋼鐵、機械、造船、汽車等工業謀求發展，並就工作母機及工具等之製造，以及機械工業基本技術如鑄鍛、熱處理等之水準予以提高，並區分設立中心工廠，協助一般機械工業發展。

（四）創辦技術重於資本之新興工業：臺灣所需若干產品，如無線電通訊器材、西藥、鐘錶、光學儀器等，大都仰賴進口，每年外匯支出甚大。因其製造需要高度技術，故未能發展。此類產品之就業投資比率較大，為增加就業機會與減少外匯支出，可採取與外人技術合作方式加以發展。

除以上所列之具體發展計劃外，對於企業經營方式，政府在推動經濟發展中之地位，以及企業合理化與現代化之需要，均有合理之策劃。此係十八年以前對臺灣經濟所作之重點策劃，仍可完全適用於今日的情形。在設計當時，韓國經濟尚是一片混亂，根本談不上發展，其一九六〇年之出口不過三千三百萬美元，次年亦僅增加至四千一百萬美元。但以後十餘年之發展幾乎完全與我國第三期四年計劃所描述之路線相同，遂有今日之成就。兩相對照，誠令人感慨不已。

政府於一九六四年完成了一九六五年至六八年的第四期四年計劃，這一期計劃有下列幾個特點：

（一）已能著重較長期的經濟發展趨勢，故在設計此一計劃的同時，亦設計了「中華民國十年長期經濟發展計劃」，實施期間為一九六五年至一九七四年。長期計劃完成後，因政府及社會部分人士指責為缺乏反攻復國精神，預備在臺灣作長期安定打算，雖經解釋係指臺灣地區建設而言，但無說服力，終告取消。

（二）對社會建設予以極大之重視，與經濟發展並列，原計劃名稱為「中華民國十年長期經濟與社會發展計劃既第四期四年計劃」，後因政府部分人士不了解社會發展之重要性，乃將「社會」兩字予以刪除，但計劃中仍詳列人力資源的發展，社會福利計劃，都市及郊區發展計劃等各章，對臺灣未來社會發展之需要及構想有切合實際之策劃，所有今日因經濟發展所發生之社會問題及解決途徑，在此一計劃中均曾提到，此亦係十四年以前之設計。

（三）此次計劃所列之目標不單以達成經濟成長率若干為限，而係針對國家當時經濟及政治環境及預料在此一方面所將遭遇之問題，列舉若干較為深遠之目標：(1)建立民生主義經濟制度，詳細說明及規範下面迄至今日為止仍感困擾的幾個問題：①保護私人企業與限制財富集中，②公營與民營事業的劃分，③平均所得分配與社會福利設施，④外資政策。(2)促進經濟的現代化：①經濟結構的改變，②生產設備與組織的現代化，③技術知識的成長與傳播。(3)維持穩定而快速的成長：①長期經濟穩定的維持，②經濟資源的充分開發與利用，③經濟成長的加速。(4)提高生活水準：①經濟發展的最後目標——提高生活水準，②生活水準與國防負擔，③生活水準與加速經濟發展。

從以上所列的四個目標看，可知此一計劃的總目標是在政府與民間，穩定與成長，經濟發展與經濟平等，生活水準、國防與經濟發展等各方面維持適當的平衡下，建立一現代國家，不僅在於經濟成長率的大小。

（四）因此，此一計劃對於達成上述目標所應運用的手段，所應採取的興革措施，有詳細的分析與建議。

（五）至於具體的發展計劃，特別是工業計劃，則多為三期四年計劃之延續。

第五期四年計劃起自一九六九年，至一九七二年止，恰與臺灣經濟高度成長高度穩定的時代同時結束。此一計劃在目標、政策、與設計方法等各方面，大致沿襲四期四年計劃，惟由於臺灣經濟結構多年之發展已有相當顯著之改變，並已產生若干新問題，故計劃中特別著重下列幾點：(1)農業現代化問題，包括農業科技之發展，耕種面積之擴大及農業機械化，農民所得之提高，農業社區發展等。(2)作為臺灣主要出口工業之一的電子工業已列入發展計劃中，但在本計劃期間已開始設廠工作的大鋼廠、造船廠、部分石油化學工業，則未曾列入計劃之內。此一計劃與三、四兩期計劃比較，缺乏開展的眼光與較遠大的計劃構想，主要受現實環境的約束，過去大開大闔勇往直前的開展精神，已不復見。走筆至此，為之黯然。

在前面「面臨轉捩點」一章中，我們已將一九六〇年代的經濟發展的國內外背景及各種適應措施，作了一簡單敘述。即是在此種背景及措施之下，臺灣經濟很順利的由一農業經濟轉變為一工業經濟，由一進口代替導向的經濟轉變為一出口導向的經濟，同時也確定了臺灣工業以及整個經濟的基本結構，略如下圖。

臺灣基本經濟結構圖

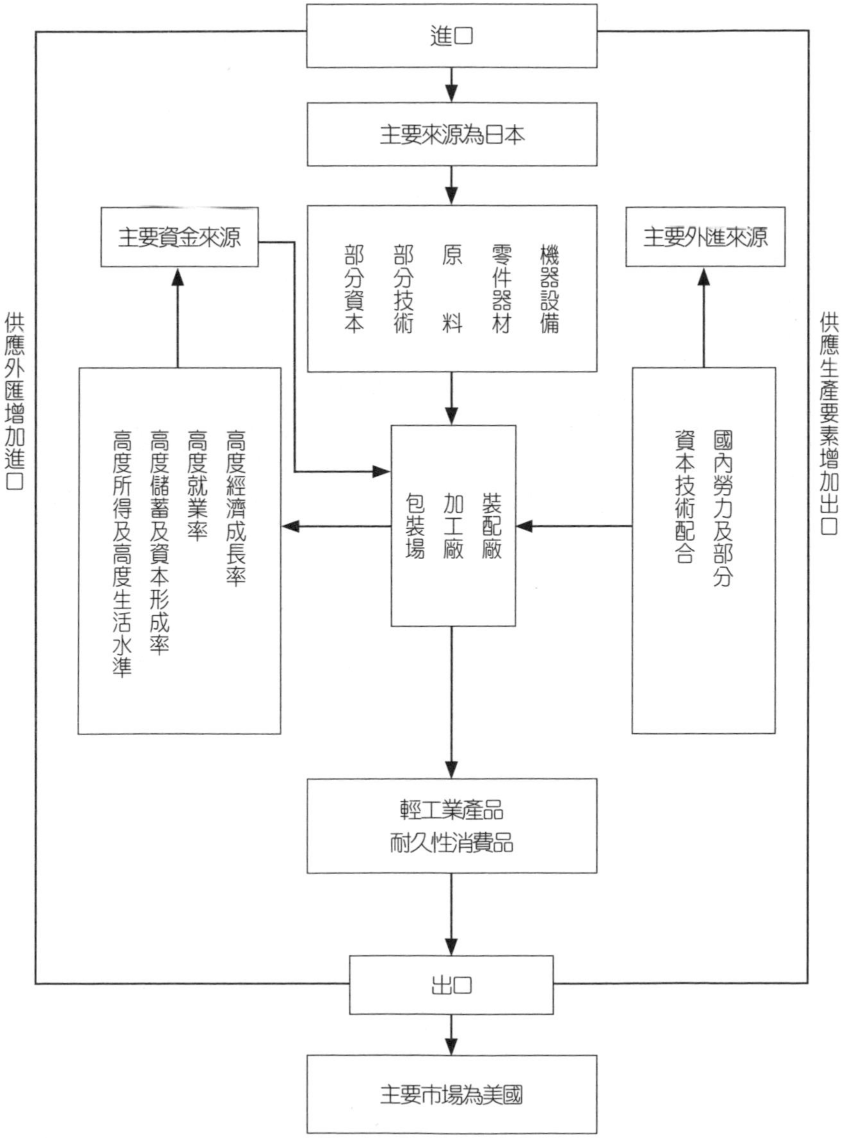
進口
主要來源為日本
主要資金來源
機器設備
零件器材
原料
部分技術
部分資本
主要外滙來源
供應外匯增加進口
高度經濟成長率
高度就業率
高度儲蓄及資本形成率
高度所得及高度生活水準
裝配廠
加工廠
包裝場
國內勞力及部分
資本技術配合
供應生產要素增加出口
輕工業產品
耐久性消費品
出口
主要市場為美國

在這樣一個進口——加工——出口的簡單生產型態之下，我們在開始祇需要少量的外匯進口所需要的生產設備、原材料、與部分資本及技術，再運用國內少量資本及技術設廠加工，製造一些價廉物美的輕工業製品或加工品，然後出口至國外市場，賺取更多的外匯，進口更多的生產設備等等，設立更多更大的加工裝配工廠，出口更多的產品，又賺取更多的外匯，如此循環不已。這種循環就像滾雪球一樣，愈滾愈大。在滾雪球的過程中，我們的勞力得到了充分就業，我們的國民所得及個人所得都提高，因而有高度的儲蓄能力，更多的資本供應，更加強這一循環過程的運轉。

這便是直到今天為止，臺灣的基本經濟結構圖，也是促成十餘年來高度成長與高度繁榮的基本推動力量，也是國民所得與生活水準不斷提高，滿街都是汽車，到處都是豪華住宅的主要來源。在這一經濟型態之下，使得我們能以少量的資本，簡單的技術，而得到充分就業的結果，將品質優良而價格低廉的勞力予以充分利用，避免了我們的短處——資本缺乏與技術落後，發揮了我們的優點——豐富勞力。這也是人類適應經濟環境以求生存的最好的一個例證。

但是儘管這一經濟型態有許多優點，解決了我們經濟上的許多難題；但也包含了許多內在的令我們不能長期忍受的嚴重缺點。

第一、整個過程都是一個簡單的加工過程，在這一過程中，我們的主要貢獻是勞力，再加上少量的資本與簡單的技術，這是僅比純農業經濟進一步的一個生產型態。所生產出來的產品，由國外進口的投入要素多，國內投入的要素少。因此生產價值很大，而國民所得很低，亦即附加價值低。也因此進出口總額佔國民生產毛額的比率很大，接近百分之百。這種生產型態可以使我們餬口，但不能使我們成為一個高所得的現代進步國家。同時也可看出我們在國際市場所出售的是勞力，而不是像其他進步國家出售的是技術。

第二、這種生產型態與國防需要不相配合。我們的環境特殊，非有強大的國防力量不能保障我們的安全；非有強大的生產武器的能力與設備，不能建立獨立自主的國防力量。而生產現代武器的能力則完全依賴重工業。從這一觀點看，則我們現在發展重工業已有來遲之嫌。

除了這些缺點外，這一生產型態的快速發展還為我們帶來了許多因經濟結構改變而產生的問題，其中最重要與討論最多的便是農業相對落後的問題。我們本是採取農工平衡發展的政策，對農業發展從未疏忽。在一九五〇年代前半期，由於農業技術的進步及實施耕者有其田，使得農村充滿了豐收歡樂的景象，農民所得的增加及生活的改善，甚至超越都市同等級的勞力。這點在前面曾經提到。到了一九六〇年代，情形便完全改觀，這得要從基本上的農業政策說起。

前面曾經提到臺灣由於土地面積的限制，農業係採取高度勞力及資本集約的耕作方式，即是在一塊固定的土地上，不斷增加勞力、肥料、改良種籽、引進新品種與新產品、改良耕作技術、引用新方法與新農具、施用農藥、整修及增加灌溉與排水設施、實施間作、輪作等等，以增加單位面積產量。這一基本政策實施頗為成功，不僅增加糧食產量及就業，解救一九五〇年代初期的經濟窘境，而且還贏得國際聲譽，大量派遣農技隊援助其他落後國家。但由於人口不斷增加及技術上無突破性的進步，單位面積產量的增加率逐漸降低，而農業個人所得的增加率亦遠落城市之後，形成鄉村與城市所得的差距。

在工商業不十分發達，都市化進行不太快的一九五〇年代，這種差距還不算嚴重。但在六〇年代高度成長來臨後，對勞力需求大幅上升，工資不斷上漲，遂使這種城鄉差距愈益擴大。王友釗先生根據行政院主計處編算之國民所得資料估算，一九五〇年，每一農業人口之平均所得為新臺幣一、二四三元，至一九六八年增為五、一八四元。同一時期非農業人口之平均所得由二、一七五元增至一二、六八七元。農業每人所得在十六年間增加了三•二倍，而非農業每人所得則增加了四•八倍，使農業每人所得佔非農業每人所得比率由一九八五年的五七%，降至一九六八年的四二%。如在農業所得上加入農村得自農業外的所得，則比率前者為七五%，後者為六五%。這引起了幾個問題：①鄉村勞力大量流向城市。這本是經濟發展的自然現象，也是受歡迎的現象。問題在於流出者多為生產力高適應力強的年輕勞力，老弱則留在農村，使農業生產力降低，農業改革及現代化困難；②農村缺乏勞力，工資上升，而以機器代替勞力又無法快速進行。由於成本高而農產品價格又不穩，遂使農村發生廢耕及拋棄收穫的現象；③在農業遭遇困難及農村與城市個人所得差距不斷擴大的情形下，引起農村社會的不滿及農民普遍的負債。

此種農業問題在一九六〇年代上半期經濟一開始快速發展時，即已現端倪，但未為政府有關部門所及時發覺。直到六〇年代下半期，問題已嚴重到非求解決不可的時候，政府始於一九六九年十一月宣佈了「新農業政策綱領」，以求農業生產成本的降低與農家所得的提高，共包括了十四點重要措施。一九七〇年三月，執政黨十二屆二中全會開會時關心議題之一，即以此一綱領為基礎，通過了「現階段農村經濟建設綱領」，共列了十項基本措施。根據這些文件，政府採取了幾項重要措施：①降低肥料價格；②推行農業機械化；③建立農業金融策劃委員會；④改進農產品運銷制度與設備。但在本時期內，這些綱領並未認真付諸實施，所採重要措施或者執行不力，或者未能在期內充分發揮效果，故對農業問題之解決效力不彰。

由於工業發展順利，在本時期內對工業發展並無成套之新政策出現，僅為枝節性之措施，惟有兩件代表相反政策之措施值得一提。一為一九六六年十二月依照香港自由貿易港的環境，設立了高雄加工出口區，即是在高雄港附近劃出一個地區，由我國政府投資建立一切生產所需要的設施與便利，歡迎外人前來投資設廠，所有機器原料進口與產品出口均不受我國關稅、國內稅及外匯管制辦法的約束，其所生

表四 一九六二－七二年重要經濟指標（平均每年成長率）								
國民生產毛額	每人所得	農業生產	工業生產	交通運輸	消費物價	躉售物價	出口	進口
9.8	6.5	4.2	17.7	14.4	2.9	2.0	29.0	21.1
資料來源：臺灣統計手冊，經設會出版，一九七七年								

產之產品亦不得在國內銷售。由於可以利用我國低廉勞力及各種投資便利，故外人前來投資設廠者甚為踴躍。但所有投資幾乎全部為小規模大量使用勞力之簡單加工業，除可增加普通勞力之就業外，對我經濟發展無論在技術、資金、管理、貿易及國際收支、及與國內經濟部門之關聯等各方面，均無顯著利益。而且由於其亦屬加工業，在一九六〇年代後期，且與我國加工業發生勞力使用之競爭，實為一無意義之措施。但由於對國外投資者方便甚多，後又增加楠梓與臺中兩加工區。在經濟邁向進一步發展之情形下，此類加工區已逐漸趨向消失中。

另一政策措施為代表重工業發展政策之大鋼廠——中國鋼鐵廠——之設立。在一九六〇年代中期及後期，一方面由於國內工業發展已有令人滿意之進展；另一方面則由於國防上之需要壓力日增，大規模發展重工業的主張逐漸抬頭，但部分海外經濟學家及政府主管官員則根據古典學派經濟理論，堅持按照要素賦與及比較利益原則，臺灣應繼續發展勞力密集工業，亦即當時流行之加工業。在熱烈爭論中，政府並未宣佈明確之政策，加工業在現實環境下在繼續迅速擴充，但最高決策方面則已默默進行重工業之發展，而醞釀十多年之所謂大鋼廠遂亦著手籌備，不過未獲得各方面之真誠支持，進度甚慢。但無論如何，已足能代表工業發展方向之重大轉變。與籌設大鋼廠之同時，造船廠及石油化學工業亦在推動中。發展汽車工業亦列為經濟發展重點之一。

至於金融物價等方面，除一九六三年前後證券市場因投機活動，有巨幅波動，一九六八年前後，由於農產品兼收與工業聯合獨佔力量加強，而引起物價之較大波動外，可說十分平靜。因此在此一方面，甚少有可資記載之重大政策措施。

但另一方面，政府曾在此一時期對有關機構作過重大調整。其中最重要者為一九六七年六月設立國家安全會議，由總統主持。此一會議設立之真正目的雖未明白宣布，但據我們所了解，實為政府遷臺以來，對於進行全面革新，建立一現代國家與強大軍力，以確保臺灣及反攻大陸所作之第二次嘗試。此時雖然大陸有紅衛兵作亂，但中共試爆原子彈成功後對國際均勢及我國際地位之不利影響，已十分明顯，決策核心已經警覺到。進行全面革新，力圖振作的第一步當然是加速經濟發展。一九六七年起所雷厲風行的九年國民教育便是加速經濟發展的第一步，決定以大鋼廠為中心的發展重工業也在此時。

除設立國家安全會議以統籌全局外，財經方面有兩個重要機構上的調整。一為經合會的改組。美援於一九六五年結束，早在一九六三年九月，政府便將負責運用美援及全盤經濟設計與經濟計劃之行政院美援運用委員會改組為行政院國際經濟合作發展委員會，職掌人事均照舊。一九六九年，為全力推動經濟方面之革新，先於八月一日設立財政經濟金融會報，隨即改組經合會，由行政院副院長蔣經國先生擔任該會主任委員，以加強此一機構之權責及功能。

另一機構上的重要新措施為一九六八年三月設立賦稅改革委員會，以求對賦稅收全面革新，可以寬籌財源作全面革新之經費來源。但在其存在之二年期間，僅對稅制作過若干修改，而對於賦稅改革之焦點，稅務行政之改革則未涉及，故所收效果甚微，與原先希望相距甚遠。然即使為技術性之稅制之改革，亦遭遇重大阻力，主持人選不當固為原因之一，客觀環境不容許有重大突破當為主要原因。此一機構旋於一九七〇年按預定計劃撤銷，未完工作由財政部於是年七月設置稅制委員會接辦。

此外，對於科技之促進及金融制度與業務之改革，在此一時期，在全面革新之大目標下亦曾嘗試，亦均告失敗。

總結第二次全面革新之嘗試，亦為一失敗之嘗試，雖然九年國民教育及重工業政策之採取，將產生深遠之影響，嘗試之精神及若干零星革新亦可發生少許有利之作用。推究嘗試失敗之原因，主要為國人守舊成性，政府包袱太深。領導者有此決心，有此睿智，但整個政府機能與整個社會無此配合能力，正是所謂心餘力絀。一九六七年發動全面革新，力圖振作後四年，即一九七一年十月，我國退出聯合國，國際處境急轉直下，迄今仍在苦守奮戰之中。面對目前處境，追憶二次全面革新嘗試之失敗情形，誠不勝感慨，然展望國家前途，內心感受，豈是「不勝感慨」四字所能表達。

一九六二年至一九七二年為國際與國內經濟之黃金時代，儘管全面革新未能成功，但在經濟上之成就則屬空前，茲以若干關鍵性統計數字作為本段之總結。

七、向經濟升段的目標邁進（一九七〇～一九七六）

一九六〇年代約十年的期間，對中華民國而言，實在是最美好的日子。經濟方面固然是高度成長、高度穩定，沒有遭遇任何嚴重的困難問題；即使在政治與外交方面，也是穩定而趨向進步的局面。但到了一九七〇年代，情勢便完全改觀。在政治與外交方面，自一九七一年初美國與中共開始乒乓外交起，緊接著便是美國尼克森總統訪問大陸，是年十月我國被迫退出聯合國，以後則是一連串的與友好國家的斷交，逐漸陷於孤立的地位。經濟方面則經歷了自二次世界大戰結束後三十年來，最大一次的世界經濟循環，困難問題一個接連一個，而每一個問題都超越了我們單獨解決的能力。

遠在一九六〇代的下半期，作為自由世界經濟支柱的美國經濟，已漸趨衰弱，領導地位已感維持艱難。因而影響作為世界經濟及貿易交往的最主要貨幣——美元——的價值及地位，貶值的壓力不斷增強，國際金融市場充滿了美元，無法消化，終於在一九六八年三月在歐洲金融市場發生了美元擠兌風潮（gold rush）。當時解決的辦法是採取所謂黃金兩價制。事後證明這實在是一個半吊子辦法，可見國際金融專家與進步國家官員的水準與我國的專家及官員比較，也高明不到那裏去。延到一九七一年八月，尼克森總統宣佈新經濟政策，美元對黃金比價由一九三四年一月所定的三十五元兌一盎斯黃金，改為三十八元兌一盎斯，美元貶值百分之八•五七。一九七三年二月再改為四二•二〇兌一盎斯黃金。同年三月，各主要國家對美元採取浮動匯率，以後美元匯價雖升降不一，但平均趨勢則是向下的，迄今仍未穩定。

由於美元是國際上最主要的通貨，其價值的波動不僅引起國際金融市場的危機，而且使整個國際經濟活動受到不利影響。在預測美元將繼續貶值的情形下，一九七一年下半年國際經濟已呈畸形的繁榮，物價已在開始上升，商品銷路已異常暢旺。到了一九七三年，美國再度貶值及浮動後，國際掀起了一片搶購潮，搶強勢貨幣，搶黃金，搶糧食，搶機器設備、成品、原料，以至國際物價飛漲，有上升三、四倍的。

正在搶購及物價飛漲的高潮，一九七三年十月五日又一次的發生以阿中東之戰。阿拉伯國家以石油作武器，一方面禁止及限運石油出口，另一方面則抬升石油價格。自一九七三年十月至次年一月，三個月之內，石油價格上升了四倍。這不但增加了幾乎所有商品的生產及運輸成本，而且使大量輸入石油的國家產生了巨額的國際收支逆差，成為日後經濟衰退的主要原因之一。

在一九七三年以前的二、三年，糧食主要出口及消費的國家都發生了旱災，產生了國際性的缺糧，導至一九七三年國糧價的猛升，亦是形成這一年國際通貨膨脹的主因之一。

在這幾個原因的輻輳之下，一九七三年國際物價遂告巨幅上升，根據經濟人雜誌統計，一般商品價格上升達百分之九十，各主要國一方面為抑制通貨膨脹，另一方面為改善因石油價格上升而日形惡化的國際收支，紛紛採取高度緊縮政策，國際經濟情勢乃於一九七四年初轉向了經濟循環的另一面——經濟衰退，延續到一九七五年下半年才開始回升，但進度始終緩慢，世界迄今仍在物價上升與恢復緩慢的雙重困境中掙扎。

這個世界經濟情勢加諸我們的困難與打擊是很大的。如前所云，我們是一個靠進口——加工——出口的經濟，我們的進口與出口值各佔國民生產毛額的比率平均在百分之四十以上，合計約佔百分之九十，有時且接近一百。我們不僅重要的機器設備原料零件靠進口，若干民生必需物資也要進口，進口的糧食佔到糧食總需要量約達百分之五十。在這種情形之下，任何國際物價的波動，立即影響國內的生產成本與生活費用，因而帶動整個物價上升。另一方面，如國際經濟成長稍有停滯，出口受阻，國內經濟立即發生失業及經濟衰退現象。因此自一九七三年起，國內經濟即在國際經濟的巨大波動之下而作幅度更大之波動，僅在時間上略為延後半年左右而已。

事實上，遠在一九七〇年貿易收支在多年逆差後轉為順差起，即有國際經濟過度繁榮，商品可能有短缺跡象出現。一九七二年下半年，國內已顯現出口增加過速（是年增加率高達百分之四五），物資缺乏，價格上升情勢，因此行政院蔣院長曾下令撥發外匯專款，採購重要進口物資儲存，惜未切實執行。到了一九七三年，進出口增加率各達百分之四四與四三，國內各類物資奇缺，發生搶購囤積現象，物價飛漲，危機業已形成。

為應付此種局面，政府曾連續不斷採取緊縮措施：

（一）關於財政金融方面者：①二月新臺幣對美元升值百分之五②央行發行定期存單③發行公債、儲蓄券、國庫券④四月一日央行頒行六項金融措施⑤提升利率⑥禁止不動產抵押放款⑦延緩基本建設，停止公共建築⑧降至進口關稅。

（二）關於調節進出口貿易及物資供應者：①取消二千餘種進口物資管制②開放進口貿易地區限制③低利貸款進口大宗物資④減低出口獎勵程度⑤限制木材、水泥、紙張、鋼鐵等商品出口⑥增產國內農產品與重要工業原料。

（三）關於物價管制方面：①公營及公用事業產品與勞務限價②六月宣佈穩定物價十一項措施③對黃豆小麥進口予以補貼④嚴禁國內聯合獨佔及囤積居奇。

以上三大類抑制通貨膨脹措施與其他進步國家所採取之措施相似，我國所採取者可能更為廣泛，但或則由於採取時間過於落後，或則由於措施強度不夠，或則由於執行不力，始終未能收到預期效果，而且情勢愈益惡化。一九七四年元月，政府已感到處境相當危急，非採取猛烈措施不可，乃於二十六日頒布「穩定當前經濟措施方案」，共分經濟方面，財政金融方面、與限制建築方面三大類。精要之點在於①承認市場價格調節供求功能，不再硬性壓抑物價，對石油、電力、交通運輸、黃豆小麥、及其他商品，或則酌量提高價格，或則將限價改為議價；②嚴格控制預算及信用，實施選擇性信用管制，大幅提高利率。

此為一符合經濟理論，為經濟學家所一再呼籲採取之猛藥。頒行之後，一則由於藥能對症，且藥量適當；再則由於國際經濟過度繁榮已近尾聲，已開始轉向經濟衰退，故除一、二兩月物價因調整關係曾有大幅上升外，隨即開始穩定性之下跌，至下半年則隨世界經濟進入衰退圈了。

根據統計資料顯示，一九七三年與一九七二年比，躉售物價上升百分之二二・九，消費物價上升八・二；一九七四年與一九七三年比，躉售物價上升百分之四〇・六，消費物價上升四七・五。如以一九七二年十二月為基期，至一九七四年二月，共十四個月期間，躉售物價上升了百分之七五・七，消費物價上升了百分之六六・五，物價波動幅度不可謂不大。

應付通貨膨脹及其所產生的惡果尚未得到喘息的機會，而經濟衰退的問題又緊接著於一九七四年下半年開始。在該年的四、五月，出口已經遭遇困難，政府已經在開始採取解救措施。到了六月六日，政府發布了「行政院針對經濟近況決定當前財政、經濟、金融政策的說明」，指出已經採取或決定的解救措施共十一項，其中一部分與挽救經濟衰退危機無關，有關者亦僅限於解除限價及出口限制，維持貨幣及信用之適當增加額等消極措施，真正對解救危機有立即影響之措施，如匯率調整，大幅降低利率等，則避而不提。因此對當時危機壓力並無多大減輕影響，而不得不於十一月十四日再行頒布「十四項財經措施」，主要之點為：①放寬融資標準及歸還期限②減免稅捐③保護國內產品④靈活處理生產原料，以解除積壓資金的負擔；⑤解除高樓禁建令。此一措施雖較能接觸到問題核心，但匯率未動，利率下降輕微，及各金融業採取保守態度的情勢下，仍不能產生預期效果。以後又陸續於十一月廿日補充「三項金融配合措施」，及於十二月九日再頒行「十項措施」。自一九七五年起，與上述相類似的措施不斷頒行，均為零星補助性質，無助於衰退大局之挽回，而企業界處境日益艱困，經濟萎縮，投資意願低落。一九七七年八月，政府乃頒布「改善投資環境實施要點」，共分十大類，七十三項，內容龐雜，輕重緩急不一，頗受疵議。央行亦自一九七六年十月起，至一九七七年四月止，連續降低利率四次，惟幅度不大。

所有以上措施均未能使經濟衰退情勢有顯著之改善。自一九七四年下半年開始經濟衰退，至一九七七年共四年，僅一九七六年有較好之成績，但四年平均重要指標為：經濟成長五・七（一九六二年至七二年，即高度成長高度穩定時期為九・八，以下括弧內數字均指此一時期之數字而言），工業成長一〇・二（一七・七），出口成長二一・八（二九・〇），進口成長二七・三（二一・一），除進口外，其餘指標均遠較前一期為低。另一方面，消費物價平均每年上升一五・四（二・九），躉售物價上升一〇・六（二・〇），此係受一九七四年上半年物價巨升結果，如除去該年，則最近三年物價平均每年上升四・七，躉售物價為〇・六，可謂在穩定中求進步，但物價指數有偏低之嫌。

一九七八年情勢開始好轉。新臺幣釘住美元不斷貶值應是重要原因之一，自去年初至今年三月底，日元對美元已升值百分之廿四，由於臺幣係釘住美元，日圓亦對臺幣作同程度之升值，此項日圓升值對中日貿易幫助不大，但加強了我國貨品在國際市場對日貨之競爭力量，使得我國出口大增。當然，美元對其他主要國家貨幣貶值，自亦有利於我國貨物對此等國家之出口，今年第一季出口及進口分別較去年增加百分之二七・四及百分之二一・〇。第一季工業生產亦較去年同期增加百分之二一・〇。

自一九七三年至現在的這一段期間，則是我們稱之為「向經濟升段的目標邁進」的期間，基本的政策是經濟穩定，經濟發展，與經濟平等三方面的平衡推動，故即在經濟極不穩定的環境下，仍以極大的經濟資源從事經濟發展的推動。

推動經濟發展最先的一步是農業。如我們在前一期所指出的，由於人口的增加，農業本身的限制，以及非農業部門的快速發展，引起了農業生產的蕭條，與農民所得的相對偏低，形成了一九六〇年代後半期的嚴重問題。對於這一問題的解決，政府及執政黨雖然均提出了辦法，但並未認真付諸實施。因此轉到一九七〇年代的開始，問題便愈形嚴重，而不得不認真加以解決。蔣院長係於一九七二年六月就任行政院長職務，九月二十七日即在中興新村的一個集會上宣布了「加速農村建設重要措施」，全文共有九大項：①廢除肥料換谷制度②取消田賦附征教育費③放寬農貸條件④改革農產運銷制度⑤加強農村公共投資⑥加速推廣綜合技術栽培⑦倡導農業生產專業區⑧加強農業試驗研究與推廣工作⑨鼓勵農村地區設立工廠。同時並宣布核撥二十億元專款作執行此項措施之用，限期二年之內完成。這九項措施中，立即實施的當然是①②兩項，減輕了農民的負擔，尤其是肥料換谷制度的取消，對農民有解除一種束縛的經鬆感覺。至於④⑥⑦⑧⑨等五項，則需要經過長期的努力與認真的執行才能收到效果。真是使農民受益，有助於農業問題的暫時性的解決的，是第③項與第⑤項，這兩項由於蔣院長在宣布的當時，即決定撥款二十億元作執行之用，以後又年撥巨款支援，而收到了切實的效果。總結九項措施執行的成果，並未能達成預期的目標，主要理由是：①執行時間過於倉促，事先未能有充分準備②基層執行人才不夠水準，而領導階層中央與地方農業機構又未能完全協調，即事先走在執行機構及人事方面作妥善安排③九項中有若干項窒難行，需要長期努力，另有一些項目則須政府下大決心，都非短時期所能輕易收效者。但仍有兩大收穫：①確實減輕了農民負擔及便利了農業生產資金的融通，對於農村生活及生產環境均有改善②表達了中央政府對廣大農民的生活及農業生產的關懷，在政府向心力及社會安定方面產生了良好效果。

對近年臺灣農民所得及生活產生重大影響，有助於農村與都市不平衡問題的解決的一項措施，為一九七四年三月行政院院會通過的設立糧食平準基金。第一次撥款三十億元，以後各年又陸續撥發巨款支持。此一基金設立之作用雖規定為：①收購稻米所需價款及有關費用之支付；②收購經行政院核定為增產糧食而必須採購之其他物資，其價款及必要費用之支付，但實際上則全部用以無限制收購稻米。由於收購價格規定過高，鼓勵農民大量增產稻米；又由於收購價格祇是單一價格，沒有上下限，缺乏彈性，農民及糧商均不願存糧，以至政府掌握大量糧食，造成嚴重倉儲問題，而大量資金凍結在糧食存儲上的成本問題尚未考慮到。以後政府不得不將無限制收購效果，改為部分收購。此一政策的最大效果為增加了農民的所得，改善了農民的生活，縮短了農村與都市的差距，無論在經濟、政治、及社會方面都得到了適當的報償。

另一個農業方面的重要措施為政府宣布自一九七九至一九八二會計年度，每年籌措二十億元，設立農業機械化基金，低利貸放農民購置農機。此為政府決意將農業耕作技術現代化的一項措施，將來推行結果如何，現在尚難預料，但臺灣經濟如有進一步的發展及加速現代化，勢必有大量勞力自農村流出，而農業機械化則為解決此項問題之惟一途徑。如果執行成功，將對整個經濟產生良好效果，不僅限於農業範圍。

以上三項改善農業及提高農民所得之措施，前二項雖然執行情形未能盡如理想，但對一九六〇年代後期所發生之農業問題之解決，確有甚大貢獻。不過，要想對臺灣農業問題作更基本徹底之解決，尚有待進一步之措施。

在這一段期間，除農業方面採取上述足以顯示決策人個性之政策外，在工業方面亦復如此。影響一項決策之因素甚多，決策人個性實為決定性因素之一，早為政治學者所承認，而臺灣在這一段期間經濟建設方面之決策足可提供一有意義之實例。如前所云，早在一九六〇年代下半期，政府已洞察到國家處境，亟圖發展與國防有關的重化工業，並採取實際步驟推動。此與一九五〇年代下半期，政府迫於經濟上之需要而採取加速經濟發展措施恰成對照。因此在一九六〇年代將結束時，若干重化工業如大鋼廠、造船廠等已在進行設廠中，為配合經濟發展進一步所需要的若干基本建設如南北高速公路、核能發電廠亦已在推動之中。但進度緩慢，無論預算撥款及工程進度，均缺乏有組織的協調合作與推動監督，情況不理想。一九七三年十二月，正是臺灣及世界遭遇嚴重通貨膨脹時期，行政院蔣院長於一次院會中宣布推動九項建設計劃，計有南北高速公路、鐵路電氣化、北迴鐵路、臺中港興建、蘇澳港興建、桃園機場、大鋼鐵廠、造船廠、及石油化學工業，後又加上核能發電，共計十項，稱為「十大建設計劃」。自一九七四年一月起算，五年之內完成。投資總額最初估計為二千二百餘億元，後因通貨膨脹及實際工程需要，不斷追加預算至三千餘億元，實際情形則是投資數額年有增加，至最後完成究需資金多少，難以準確估計。

十項建設對臺灣經濟發展究將產生何種實質影響，尚有待專家作科學的評估，但有幾點概括性的結論則不妨在此處提出：①十項建設中有七項屬基本經濟建設，無論臺灣採取何種發展策略及成長速度如何，均為必要之建設。但此處很明顯係為建立重化工業，加速經濟發展並使其升段作準備。其餘大鋼鐵廠、大造船廠、及石油化學工業等三項即是重化工業本身。故十項建設之宣布實代表工業發展政策上一大轉變，使我國正式進入重化工業時代，因而蔣院長也一再宣稱十項建設完成後，我國經濟即可升段，進入進步國家的範疇。②如前所云，十項建設宣布時，正是通貨膨脹達到頂峰時，在此種危機時刻而宣布如此巨大之計劃，且與抑制通貨膨脹政策相衡，可以見出政府加速經濟發展之決心。

現在十項建設已有部分完工，預計一九七八年底大部分均可完成。為繼續此項建設，蔣院長復於一九七七年十月宣布了十二項建設：環島鐵路網計劃、三條新中部橫貫公路、屏東到鵝鑾鼻公路拓寬工程、高速公路延長至屏東計劃、臺中港續建二、三期工程、核能發電二、三廠工程、大鋼鐵廠續建第一期第二階段工程、設置農業機械化基金、改善重要農田排水工程、修建海堤河堤工程、開發新市鎮、廣建國民住宅計劃、及各縣市建立文化中心。在十項計劃完成之後，即自一九七九年開始實施，初步估計所需資金為二千一百八十餘億元。

十二項建設多為十項建設之繼續工程，從其中看不出政府對重化工業發展推動之情形。實際上，在這一段期間，除了十項建設中的三項重化工業外，政府又徹底改組了臺灣機械公司，賦與重機械發展及汽車發展的重任。這幾個國營的重化工業顯然將是臺灣邁向經濟升段的階梯。此外，政府在科技發展方面，除原有的國家科學發展委員會外，還在行政院下成立了科技小組，以推動科技發展。為了發展重化工業，政府還正在改組交通銀行使成為開發銀行，及新設立進出口銀行，以融通這種工業的資金需要及促進其發展。但是迄至目前為止，對於如何促進民間企業對重化工業之投資，及如何引進國外科技與發展國內科技，尚無具體可行之辦法。

本期間開始時間，亦正是第六期四年計劃開始之日，此一計劃自一九七三年至一九六七年。農業仍是以增產為發展重點，祇是在配合措施中提到農業機械化等項目，對於如何改變農業生產結構，如果促進農業現代化，及如何穩定農產價格與農民所得，均乏通盤設計。工業方面則明定其優先發展次序為石油化學工業、電子工業、機械電機工業、基本金屬工業、運輸工具工業等等，幾乎全部屬於重化工業的範圍。由於在這一計劃一開始執行時便遭遇到國內外的重大經濟變化，與當初設計時的預測完全不同，因而不得不中止執行，改自一九七六年起至一九八一年止，另行設計了一套經濟建設計劃以為代替，發展重點與前述四年計劃並無基本上的差異，祇是加強了能源的分量與將十項建設列入了計劃之內而已。

八、對過去經濟發展的評價

自一九四九年那段黯淡的歲月開始，至目前向經濟升段的目標邁進為止，差不多將近三十年，恰好是一代。在這漫長的歲月中，中華民國的經濟可說歷盡了艱難，也享受到了艱難克服後成功的快樂，總結這三十年的成就，可以用下面幾種具體的數字來表達。（見表五）

表五第一套經濟成長統計表示過去二十五年來經濟成長的速度，以最具代表性的國民生產毛額而

表五　重要經濟指標（1953－1977）		
一、經濟成長指標：		
	成長倍數（1952 = 1）	平均每年成長率
（一）實質國民生產毛額	70.0	8.2
（二）實質每人國民生產毛額	3.6	5.3
（三）農業生產	2.9	4.4
（四）工業生產	28.7	14.6
（五）交通運輸	22.7	13.4
（六）出口	242.0	26.2
（七）進口	127.8	23.0
二、經濟現代化指標：		
	1952	1977
（一）就業結構（各業佔總就業人口百分比）		
農業	61.0	33.8
工業	9.3	26.5
商業	8.5	10.1
其他	21.2	29.6
（二）所得結構（各業對總所得之貢獻百分比）		
農業	35.7	13.4
工業	17.9	38.7
商業	18.7	12.0
其他	27.7	35.9

二、經濟現代化指標：		
（三）出口結構（各類產品出口佔總出口值百分比）		
農產品	22.1	5.4
農產加工品	69.8	7.1
工業產品	8.1	87.5
（四）進口結構（各類進口品佔總進口值百分比）		
資本品	14.2	25.8
農工原料	65.9	66.4
消費品	19.9	7.8
資料來源：經建會統計手冊		

論，過去二十五年成長了七倍，平均每年成長八・二%，這在亞洲是僅次於日本的一個成長率，再以促進臺灣經濟成長的原動力——出口而論，二十五年時間成長了二四二倍，平均每年成長率為二六・二，更是一個令人驚奇的數字。

第二套數字為表示臺灣經濟現代化程度的統計，在一九五二年，臺灣的就業人口中，農業佔到六一%，工業祇有九・三%，完完全全是一個農業經濟社會。到了一九七七年，農業人口已減到三三・八%，而工業則增加到二六・五%，已經大量工業化了。再就國民生產結構而言，則工業化的程度更大。一九五二年農工業生產佔國民生產毛額的比例各為三五・七與一七・九至一九七七年已改變為一三・四與三八・七了。而表現最明顯的則莫過於出口，一九五二年與農業有關的出口值佔總出口的比例為九一・九%，工業品出口僅佔八・一%，到了一九七七年則各為一二・五與八七・五，差不多倒過來了。

不過，儘管有如此高度的成長與快速的現代化，仍可從統計數字中看出我們尚處於一個現代化的過渡時期，距離完全的現代化有一段距離，在農業就業人口與農業生產所佔國民所得比例不降到五%以下，我們的經濟不能稱為現代經濟，因此尚有一段遙遠的路我們走。

除了以上用統計數字所表現的具體成就外，還有對於轉變成為一個現代國家而言，更為重要的無形成就。

第一，在過去三十年的經濟發展中，我們已形成了一個企業家階層，而尤其可貴的是新起的年輕一代的企業家。這一群企業家均曾接受良好的教育，具有現代企業經營的知識與向外擴展的傾向，也富有冒險、開創的精神與靈敏的反應及迅速的行動。這實是臺灣經濟進一步發展的原動力。落後國家與進步國家最大的區別，不在資本、技術、生產設備等物資上的差距，而在於有無企業家階層及這一階層的品質。當一九五〇年代前後，往往政府拿出來非常有利的完整投資計畫，而無人敢於承受，也就是缺乏稍具現代頭腦的企業家。現在情形完全改變，我們所需要的僅是一個有利的投資環境，讓我們的企業家階層充分的發揮其企業家的才能與精神。

第二，三十年的經濟發展已使我們累積了相當數量的資本與技術。自一九七一年開始，我們的儲蓄率已超過了國民所得的二五％，經常在三〇％左右，在亞洲地區為僅次於日本的高儲蓄率。而在一九五〇年代，儲蓄率始終在五％左右。在一九五〇年代，國內資本形成的來源，美援及外資約佔四〇％左右，自一九七〇年代開始雖然變動幅度很大，平均約為負三・七。

關於技術方面，尚缺乏可靠的測量標準以測量三十年來的進步情形。如以接受科技教育的人數增加情形來測量，則一九五二年接受農工理醫高等教育之在校學生為**四、八三九**人，一九七七年增至**一四六、〇五二**人，增加三〇倍，但如就其佔總學生人數的比例而言，一九五二年為四八％，一九七六年反而降到四七％。再就接受中等學校職業教育之在校學生而言，一九五二年約為四萬人，一九七七年約為三十萬人，增加七・六倍，但其佔中等學生總人數比例，前者為二九％，後者為二十％，下降甚多。此一方面反應科技教育之與現實環境脫節，不能配合經濟發展需要，另一方面也可證明科技方面雖有進步，但不如理想。

第三，過三十年的發展，也多少改變了全社會對於經濟生活的觀念、想法、行為、與習慣，以及社會的結構。二千多年在農業文化下所形成的這一套現正在作迅速的轉變，所殘留的已經不夠，代之而起的是適合於工業社會的一套。當然在轉變的過程中，不免有懷念，有惋惜，有勉強。而且由於舊的秩序已被破壞，新的秩序尚未完全確立，也就不免有紊亂脫節及由此而產生的許多不健全的現象。更由於有二千多年的歷史文化包袱，這種轉變不免於痛苦與滯緩。但無論如何，整個社會是在轉變，轉變到更有利於經濟及工業的快速發展。

現在，讓我們來檢討一下促成過去三十年經濟快速發展的重要原因。

第一、中華民族的民族性。當西方人士注意到二次大戰後亞洲地區的經濟發展時，立時便發現一個重要的現象，即是凡是中國人居多數的地方，如中華民國臺灣地區、新加坡、香港，都是經濟發展有驚人成就的地方。而中國人不是主要居民的地方，如泰國、菲律賓、印尼、馬來西亞，雖然經濟發展比較落後，但領導這些地方經濟發展的仍是居少數的中國人。這足以證明中國人有從事經濟發展的天賦，這種天賦包括智慧、勤奮、刻苦耐勞、精於計算及富於冒險。但何以在這種優秀的民族性之下，在過去一百多年的歷史中，始終居於屈辱與貧窮落後的地位呢？這是因為①這種優良天賦受到二千多年歷史文化的嚴格束縛，不能發揮；②政治及社會的混亂，缺乏有力的領導，沒有使這些天賦發揮出來的環境。一旦這兩種不利因素除去或減輕，使這種天賦有發揮，立即便反映於高度的經濟發展成就上。

第二、穩定的政治及社會環境，中央政府遷臺的三十年，是自清末近百年來在政治與社會方面最穩定的一個時期，沒有戰爭、沒有政治與社會風暴，沒有混亂的社會秩序。雖然最近將近十年來國際情勢有巨大變化，對長期投資可能產生不良影響，但影響並不十分顯著，經濟仍能維持適當的成長，這一穩定的環境為中華民族提供了一個充分發揮前述優良民族性的機會。

第三、採取了自由與開放的經濟制度。中華民國所標榜的經濟制度是民生主義經濟制度，而民生主義經濟制度的核心是自由經濟，是市場經濟，是允許保有私有財產及追求私人利潤的經濟，是獎勵扶植私人企業的經濟。民生主義的另一個特點是對外開放，必擇最有利之途徑以吸收外資。因此在過去三十年中，私人企業家不僅可以充分的發揮其企業才能與企業精神，在利潤的誘導下，開擴新領域，從事新冒險，而且政府還予以支持與鼓勵。又因為對外開放，便不斷的引進了新觀念、新技術、新的管理方法與組織、以及國外的資本，這對臺灣的現代化與工業化有無比的衝擊與幫助。而且沒有這樣一個經濟制度，那些中華民族的優良特性也是不能發揮的。以中國大陸領域之廣大，自然資源之豐富，而其經濟發展遠落在我們之後，便是政治與經濟制度不同的顯著結果。一九七八年三月十三日出版的美國時代雜誌對此有生動的描寫與對照。

第四、政府的領導。在本文的全文中，隨時都可以看到政府在這三十年的經濟發展過程中所扮演的角色。特別是在一九四九年中央政府遷臺後的最初幾年，政府所作的艱苦奮鬥；及一九五〇年代後半期，政府為適應轉變時期的環境，圖謀打開一條新的出路，所作的大膽革新與冒險的嘗試。政府在這個時期所表現的負責、機警、勇敢、智慧，以及不停歇的努力，即使是世界上進步國家的第一流政府也不過如此，足可為所有落後國家政府的楷模。

在整個經濟發展的過程中，有兩個特殊的機構貢獻最大，一個是負責農業發展的中國農村復興發展委員會；一個是負責工業發展與行政院工業委員會合併的行政院美援運用委員會。一九六〇年代初期，臺灣的快速經濟發展正引起全世界人士的注意的時候，英國經濟學人雜誌曾派記者來臺考察，回去後所寫的一篇報導，即對此兩機構的卓越貢獻作了公正的評估與讚揚。

①中國農村復興發展委員會。這是於一九四八年依照美國援華法案在南京成立的一個中美聯合機構，由委員五人組成，三位中國人，二位美國人，由中國委員一人擔任主任委員，均由兩國總統任命。一九六年美援停止，改為中方委員二人，美方委員一人，由駐華大使館官員兼任，現在所謂中美聯合已名存實亡。

這一委員會在成立初期，主要組長及若干重要專家均由美方人士擔任，中國方面成員亦多為國內有關專家，因此工作效率甚高，運用鉅額美援作為經費，對臺灣作物、畜牧、森林、漁業、水利、農民組織、農業推廣、農村社會建設、農業金融、及鄉村衛生等方面，均有卓越之貢獻。臺灣農業生產力的大幅提高，農村建設的順利推進，農業新品種及新作物的引進與國內外市場的推廣，以及整個農業生產及農民生活的現代化，農復會應居首功，也因此而獲得國際聲譽。當然地方農業機構對於臺灣農業的進步也有其卓越貢獻，但發動、推進、在資金及技術方面予以支持，仍是農復會居首功。

②行政院工業委員會與美援運用委員會。在前面曾提到過，在一九五〇年代開始時，負責臺灣整個經濟發展，特別是工礦生產事業發展的，是臺灣區生產事業管理委員會。這一機構於一九五三年結束，由新成立的行政院經濟安定委員會下面的工業委員會接替其職掌。後者為一純中國政府的臨時機構，主要任務為運用美援以發展臺灣除農業以外的生產事業。其職員待遇由美援相對基金支付，遠較一般公務人員為高，但品質優秀，以為數不足五十人之人力，負責策劃推動臺灣工礦事業之發展，效率奇高。一九五八年此一機構併入行政院美援運用委員會，後者為在大陸時代所設立專負責運用美援之機構。工業委員會併入後，即正式負起臺灣全面經濟發展任務，並為達成此一任務而進行各項革新。現在臺灣之主要出口工業多係在一九五〇年代由上述二機構奠定，現在之所謂臺灣大財團或關係企業，亦多係在此

一時期形成。

以上負責農業與工業發展的兩個機構，當時主持人均具有廉潔操守與卓越學識能力，均對國家與政府具有強烈責任感，且均為主政者所依賴，因而握有充分權力得以放手做事，無所瞻顧。兩機構之幕僚人員，農復會除外籍成員，美援會除其相對機構美國援華分署外，多為國內有關專家，具有現代觀念，在其專業領域內，亦具有足夠之知識與技能，對職務均能勝任愉快，故成功並非偶然。

第五、大陸撤退來臺資金及技術。一九四九年及五〇年代，大陸撤退來臺軍民約二百萬人，但大部分為軍公教人員及其眷屬，以及追隨政府的難民，企業界人士及其資本設備遷臺的甚少。不過，即使是為數甚少，對當時臺灣的經濟穩定與經濟發展貢獻卻極大。一直到今天為止仍是臺灣最主要的工業及最主要的出口工業的紡織業，當時幾乎全為大陸資本。其他現在仍佔重要地位的工業如木材、化學等，當時也大部分由大陸資本經營。再加上光復初期來臺接收的國營事業的技術人員、及中央政府遷臺後為恢復生產對國營事業所作的投資，實構成一九五〇年代最初幾年臺灣經濟發展的主要推動力量。

這當然不是抹煞省籍資本、技術與企業家的貢獻。由於臺灣在日據時代，差不多所有重要生產事業與技術人員都是日人，資本也是日本資本。日人被遣送回國後，除極少例外，省籍人士甚難有能力接收。再加以戰時的破壞與消耗，民窮財盡，更談不上資本累積。所以在最初幾年，省籍企業貢獻不大。但由於省籍人民均為大陸移民後裔，而移民性格多半富於冒險與開創精神，能吃苦耐勞，更善於適應環境及經濟貿遷，故祇要有適當環境，即可發揮創業致富長才，東南亞華僑情形即是明證。此與大陸遷臺之二百萬人中，大部分屬於軍公教人員及其眷屬之性格才能剛好相反。再加上會日語之方便及與日人過去之企業關係，極容易與日人合作，在技術、管理、資本、及市場等方面均可得到日人之合作與幫助。因此一當一九五〇年代上半期整個經濟情勢穩定，有利於經濟發展後，省籍企業人士即不斷崛起，省籍大財團即不斷形成，而成為一九六〇年代迄今臺灣經濟發展之主力。現在無論大規模企業之經營及社會財富，均有向省籍人士集中趨勢。

第六、日本人所遺留之基礎。日人佔據臺灣五十年，其所遺留之經濟基礎，對以後臺灣經濟發展的貢獻，如在本文開始時所云，不容許誇大，但亦不應予以抹煞。日人在臺灣五十年之物質建設及累積之財富，均為長期戰爭所破壞消耗殆盡，其所遺留之臺灣實為一赤貧如洗之臺灣。但另一方面，日人亦遺留下若干寶貴之因素，對一九五〇年代初期臺灣之經濟發展有重大貢獻：①基本經濟建設，包括電力、交通運輸、國民教育設施、灌溉、經濟資源之調查諸如土地測量分等、森林、礦產等。其中之電力、港口、鐵道等，雖破壞情形十分嚴重，但舊有規模仍在，恢復自遠較創新為易，此對初期臺灣經濟的重建與發展關係甚大；②重要制度，包括社會治安、金融、農業、農民組織、賦稅教育等等。此二方面之貢獻，隨著臺灣經濟的快速發展與經濟環境的劇烈改變，其重要性與適用性自然會不斷降低，而至消失，但在最初時期的重要性不能輕視。如果沒有這些基礎，臺灣經濟的快速發展至少要延後幾年。

第七、美援。在本文開始時，曾敘述一九五〇年代初期國際收支的惡劣情形，實已陷於崩潰，幸賴美援及時到達，方才挽狂瀾於既倒。美援自一九五〇年六月韓戰爆發，杜魯門宣佈恢復對華援助起，至一九六五年六月三十日因中華民國經濟已能自立而告停止為止，共十五年，接受之美國各類型經濟援助共達一、四八二•二百萬美元，平均每年約達一億美元。美援依其用途可分為三大類：（一）為非計劃型援助，即是進口一般物資如黃豆、小麥、棉花、牛油、肥料等等，在市面出售或分配給加工廠或用戶，一方面充裕物資供應，抑低這些物資的價格，一方面收回新臺幣存入相對基金帳戶以減少通貨膨脹壓力。對當時經濟穩定之達成有重大貢獻。相對基金則用作生產短期資金，基本建設及社會教育建設之本國幣資金。（二）計畫型援助，即是根據我國建設計劃如電力、鐵道、工廠等等，進口機器設備，直接協助我國經濟發展。（三）技術援助。支助我國派遣技術人員出國學習，及聘請外籍技術人員來華協助（見表六）。

自一九五一年至一九六一年的十年間，國內毛資本形成的來源如表七：

從表七可知在經濟發展奠基的最重要十年中，投資的國外資金來源常佔總投資額的三分之一至二分之一，試想沒有此項國外資金來源，經濟發展進度該受到如何的挫折。而在國外資金來源中，十年期間僑外資批准數合計不過五千萬美元，其中僑資為一千九百萬美元。此項僑資多為套取管制進口物資獲得暴利而來，並非真正投資，其資金多從黑市套走。至於批准之外資，真正來華投資者為數亦不多。故批准之五千萬美元投資，實際到達臺灣者為數不會超過二千萬美元。故佔總投資額三分之一至二分之一的美援與外資，實際上可說全部為美援。

表六　美援到達數值及佔我國進口比例　　　　單位：百萬美元

年別	到達數值			美援進口值	我國進口值	美援所佔百分比
	非計畫型	計畫型	共計			
1950				20.5	122.8	17
1951				56.6	143.3	39
1952	300.4	74.8	375.2	89.1	207.0	43
1953				84.0	190.6	44
1954				87.8	203.9	43
1955	96.4	35.6	132.0	89.2	190.1	47
1956	69.5	32.1	101.6	96.5	228.2	42
1957	65.2	42.9	108.1	98.7	252.2	39
1958	51.9	29.7	81.6	82.3	232.8	35
1959	73.7	55.2	128.9	73.4	244.4	30
1960	68.7	32.4	101.1	90.9	252.2	36
1961	70.4	6.6	94.2	108.2	324.1	33
1962	59.3	1.8	65.9	80.1	326.5	24
1963	113.5	46.6	115.3	76.1	336.5	23
1964	37.3	0.4	83.9	39.7	410.4	10
1965	56.1	–	56.5	66.0	555.4	12
1966	4.2	–	4.2	34.3	599.1	5
1967	4.4	–	4.4	30.6	836.0	4
1968	29.3	–	29.3	20.5	937.8	2
合計	1、100.3	328.0	1、482.3	1、324.5	6、593.3	20

附註：（一）所有數字均係到達數。
（二）美援係 1965 年停止，但在此以前已經核定尚未到達者，仍持續到達至 1968 年止。

資料來源：（一）美經建會統計手冊。
（二）前外貿會出版之外貿會 14 年。

表七　國內毛資本形成來源表

年別	國內毛儲蓄佔國內毛資本形成比例	美援與僑外資所佔比例
1952	60・0	40・0
1953	63・1	36・9
1954	47・8	52・2
1955	67・5	32・5
1956	57・2	42・8
1957	66・8	33・2
1958	55・8	44・2
1959	54・2	45・8
1960	62・7	37・3
1961	64・3	35・7

資料來源：經建會統計手冊

美援對我國經濟穩定與經濟發展的貢獻，除上述可以用數字表達者外，尚有美援技術人員及美援華分署官員對我國經濟政策之建議等無形貢獻。另一方面，我國亦為最善運用美援之國家之一。在亞洲方面，運用美援最有效率者為我國與日本，在所有接受美援之國家中，最有效率者為馬歇爾計劃下之歐洲國家及日本與我國，在所有接受美援之落後國家中，則以我國運用美援最有成效。因此我國曾為美國政府選為落後國家最善運用美援之模型國家之一。回憶當初中美兩國為防堵共產主義而密切合作，穩住東亞共產主義勢力之擴張，確保此一地區之安全，使此一地區呈現安定繁榮局面。而自一九七〇年代開始，在短視政客之撥弄下，美國又親手破壞此一可貴之合作關係，及歷盡艱辛締造之良好基礎。作者自一九五三年起參與美援運用工作，目睹當年美援盛況，雙方官員之密切合作與熱列工作情形，及美援所產生之成果逐漸顯現時，雙方官員之愉快情緒，再對照當前中美關係之演變，豈是感慨兩字所能形容於萬一。

第八、國際經濟繁榮。第二次世界大戰以後，在美國領導與各主要國家的合作之下，國際經濟有空前未有的繁榮局面。①戰後以美元黃金為主幹的國際貨幣制度，由於美國國力空前的強盛而得以順利運作；②同時亦由於美國慷慨的給與幾乎所有自由世界以經濟援助，解決了大部分短期貿易逆差與長期經濟發展所需資金問題，這一問題在當時與美元短缺問題為同義字；③石油價格低廉而穩定，一九五〇年每桶石油價格為一・七一美元，一九六〇年為一・八〇美元，一九七三年十月開始升為三・〇一美元，二十年時間油價可說未曾改變。在這種有利的情勢之下，所有世界各國對內均努力從事經濟發展，對外則不斷增強自由貿易趨勢，除偶有輕微的短期經濟衰退外，平均來說，整個世界經濟一直保持不斷成長繁榮的局面。一九六八年雖出現美元過多與搶購黃金的現象，世界經濟仍能維持一穩定成長的地位，直到一九七三年方始結束這種美好景況，前後歷時三十年，這自然大有利於所有落後國家，特別是像我國這種國家的經濟發展。

對我國而言，更為重要的一個事實，是進步國家的經濟結構的轉變，特別是日本的經濟結構的轉變。此點在「面臨轉捩點」一章中已提及，茲不復贅。

以上已將過去將近三十年的經濟發展成就及其主要原因作了一概略敘述。這裏我們提出祇有將來史家方能作正確評斷的一個很有意思的問題，那即是假如我們以不同的哲學思想，用不同的政策策略，與更為遠大的政策目標來發展臺灣經濟，則三十年的時間究竟會得到一個什麼樣的不同結果，這個結果對當前的整個國家局勢會產生什麼不同的影響。

中央政府於遷臺之日開始集中力量發展臺灣經濟起，即喊出「在穩定中求進步」與「農工平衡發展」的口號，一直持續到現在三十年未曾改變。

這是一種進化式的（Evolutionary）而非激進式的（Revolutionary，通譯革命，此處為避免不必要的誤會譯激進）發展策略。這一策略之所以被採取，原因很多，最主要的原因：（一）道中庸為我國做人做事的基本原則，在二千多年的這種哲學思想的薰陶之下，負國家重責的人都不喜歡走極端，採取劇烈的手段；（二）格於現實的環境。採取進化式順序漸進，要較之採取激進式迎頭趕上，就現實條件而言，要容易得多，而一切主要因素與進程都在掌握之中，沒有看不見的風險，也沒有克服不了的困難；（三）不僅主政的人喜歡這一路線，由於這一路線頗合於自由經濟理論，也為美籍專家與國外大部分中國經濟學人所贊同，使得主張採取不同路線者無置喙餘地。

即是在這一道中庸的哲學思想與順序漸進的策略之下，我們無論農業工業，都是在現有基礎上求進一步的發展，從無超越現實環境，創造一嶄新局面的打算。以工業來說，我們先是在日本人遺留的基礎上，檢修日人的工業，而未新起爐灶；再是發展進口代替品工業及農產加工業，再是將這些工業轉變為出口工業。一直到一九七〇年代開始，才注意及努力於重工業的發展。然而二十年的美好時光已過去了，國際有利的發展條件也一去不復回，而日本在戰爭結束時即蓄意改變經濟結構，一九五五年前後即已轉變成功，走上重工業的大道。韓國則是於一九六〇年代中期開始轉向，現在也已有相當成就。

在經濟發展的環境方面，包括行政機構及其效率，諸如財政、金融、貿易、科技教育等等，我們也是在現有的基礎上求逐步改進，而未作根本的改造與完全的創新，以致這些因素現在仍成為經濟進一步發展的絆腳石，我們甚至在某些觀念與想法上還停留在農業經濟社會時代。

遠在一九五八年的夏天，距離大陸淪陷不滿十年，西方國家即傳出中共在積極展原子彈的消息，並斷言成功的可能性極大，相信我國應已獲得此項情報。這是改變國際均勢，改變美國對華政策的關鍵因素，我們如果細讀尼克森的宣布訪問大陸時前後的談話，便可得到證明。假如在此時，我們在國內外遴選一批外交、政治、軍事、經濟專家，就中共萬一發展原子彈成功在外交、政治、軍事、經濟等各方面的長遠影響，作細密客觀的評估，從而擬訂一套退可求生存，進可光復大陸的全套國策，包括外交、軍事、經濟、政治在內，然後在政府強有力的領導之下，全國上下拚全力執行，則今日情勢很可能極大的不同。在這樣的評估之下，我們的經濟發展很可能有徹底的調整與改造。政府遷臺的三十年，是自民國建立以來政治環境最為單純，領導最為堅強有力，對外接觸最為便利的三十年，如果遠在一九五〇年代後期即採取不同的哲學思想與策略，雖然可能遭遇折挫與困難，仍可順利成功。

現在，一切都已成為過去，在當時採取不同思想與策略是否有成功可能，對當前情勢究竟有何影響，如前所云，祇有留待史家論斷。但為應付未來情勢的演變，仍有聘請一批專家作客觀評估及提出政策建議的必要。

九、今後的問題與解決途徑

過去三十年的發展路線，就一個處境正常的國家，如菲律賓、馬來西亞、印巴等國家而言，是一個相當正確及切合現實的路線；過去三十年的發展成就，就上述這一類處境正常的國家而言，是一個驚人的成就，稱之為奇蹟足可當之無愧。但如從我們國家的非常處境來看，從我們整個國家對經濟發展的需要來看，便需要作不同的考慮與評斷，及無另一番抉擇了。這種話如果在一九六〇年代開始時或中期提出，都將會被認為偏激，不切實際，危言聳聽，或甚至被認為與當時主政者為難，唱反調。但是置身在當前的處境中，隨時隨地都需要真實的強大國力來支持，隨時隨地都在與別人較量國力的時候，再回頭看過去發展的哲學思想與策略，便會知道那些不同的想法與主張也不無幾分真理。

現在，無論過去的發展路線是對是錯，也無論過去的成就是大是小，過去的都已經過去了，歷史陳蹟，讚揚與責難都屬多餘。我們現在所唯一要做的是以歷史作借鑑，展開一個新的局面。

我們以整個國家的處境為對象，今後所面臨的困難問題不知凡幾，但歸納為基本問題便祇有一個，那正如何以工業發展為核心，建立強大的經濟力量，再以此為基礎形成強大的國力，這便是「莊敬自強」與「操之在我則存」的道路。所謂工業發展，基本型態上仍然是進口——加工——出口，但過程長短不同，加工性質遂異。過去是進口機器、零件、原料、部分技術與資本，在國內以少量資本建立一些小廠，作簡單加工、包裝、與裝配的工作，然後以成品出口。在整個過程中，我們的貢獻主要是普通勞力，我們對出口品的附加價值或增加的國民所得來源是勞力，我們在國際市場是出賣勞力的。這不能使我們成為一個現代的經濟大國，更不能適應我們國家當前的需要。為了生存，為了更進一步的目標，我們必須要在最短的期間內徹底改變這種工業結構。

在臺灣的資源秉賦之下，我們仍然要進口，但進口的應是初級原料例如鐵砂，我們也要加工，但不是裝配與包裝，而是製造，例如煉鋼——製造機器——製造零件——裝配。我們仍然是出口，但出口產品的價值大部分是我們自己所生產的附加價值，也即是我們自己的國民所得，而不是進口別國的產品透過我們的輕微處理後再出口。我們出口的不再純是勞力，而主要是技術，我們在國際市場上應是以出售技術為主。全世界一流國家在國際市場上主要出售的都是技術，不是勞力。我們要成為一流國家，也唯有如此，才有前途之可言。

這即是朝野下上所喊的發展重化工業，發展資本密集與技術密集工業，發展高級工業，以及十項建設完成後我們便可成為進步國家的含意。但要做到這一點，必須要：①以工業發展為主導，實行中間突破，其他跟進的策略②對有助於工業發展，也就是整個經濟發展的一切經濟的非經濟的因素，作全面的檢討、重組、與革新。對我們而言，這不是單純的經濟發展或工業發展的問題，而是生存存亡的問題與對歷史交代的問題。

這裏我們要討論一下農工平衡發展的觀念問題。所謂平衡發展與不平衡發展各有優點與缺點，也各有理論上的根據，查閱任何一本教科書便可知道，不須在此處抄錄出來。這裏所要指明的，是落後國家經濟之所以落後，是因為他們採用落後的農業生產方式，是他們不知道或無能力大量採用工業生產方式。落後國家要想成為進步國家，便得要將前一方式改變成後一方式，因此落後國家所謂經濟發展實與工業化為同義字，落後國家要推動經濟發展就得要全力推動工業化，別無選擇餘地。有選擇餘地的祇是推動工業化的方式而已。關於這一點，我們可以舉出兩種不同的實例，一方面說明如何推動工業化；另一方面也說明農業所扮演的角色。

例一是日本明治維新與蘇俄的工業化。這兩個國家在當時都將經濟發展的重點放在工業化上，但在開始時，都對農業的改進作了相當大的努力。他們這樣做並不是為了所謂的農工平衡發展，他們根本沒有這種觀念。他們這樣做祇是為了要從農業改進中取得工業發展所需要的儲蓄、外匯、與糧食，基本目標是工業發展，農業發展祇是手段而已。日本與蘇俄都成功了。

例二是一九六〇年代的韓國。韓國的工業化很快，但韓國並沒有仿日蘇之例先改進農業，這是因為環境不同。韓國是一個開放的經濟，儲蓄缺乏，可以利用外資；外匯缺乏，也可以利用外資；糧食缺乏，可以從國外進口；工業產品市場，可以仰賴國外。一切須要發展農業來幫助工業化的地方，都由國外來源來代替。韓國也成功了。

以上兩種完全不同的例子說明了一個真理，那便是落後國家的經濟發展無鐵律、無先例可循，一切都由實際環境決定，最能適應及利用環境者得到最大的成功。

我們所謂「用農業來發展工業」及所謂農工平衡發展的時代已過去。現在的環境是在加速工業發展過程中，如何改變農業，使其跟得上工業發展，不要成為它的絆腳石。這得要徹底改變農業發展的策略。在前面曾經提到過，政府遷臺時，為適應當時的環境，所採取的農業發展策略是以單位土地面積為對象，不斷的增加勞力與資本，以提高單位面積土地的產量。這一策略得到很大的成功。一公頃土地一九五二年的糙米產量不過一、九九八公斤，一九七七年則增加為三、四〇六公斤，增加了百分之七〇。但一則由於農業人口的增加部分抵銷了這種增加，再則由於非農業部門勞工生產力提高太快，農業部門落後太多，以至農業部門與非農業部門差距愈來愈多，而成為一九六〇年代後半期以來最尖銳的經濟問題之一。政府年來在這一方面採取了許多改進的措施，也收到了一些顯著的效果，但多屬於短期的治標的性質，不能從根本解決問題。

要想配合快速的工業發展，從根本上解決農業問題，必須要將自一九五〇年代以來所採取的以提高土地生產力為主的基本策略，轉變為以提高勞動生產力，即提高每一農人的生產力為主的策略。換句話說，即是要對某一個別的農人，不斷的增加耕種面積與資本，用一般的話來講，便是要不斷的擴大耕種面積與農業機械化。而耕種面積一旦擴大，農業一旦機械化，則農業的經營便要完全擺脫二千多年來自給自足的傳統，改為以市場為對象的企業化的經營，亦即朝野所喊的農業企業化。合擴大耕種面積、農業機械化，與農業企業化三者，便是農業現代化。農業現代化之後，當前農業部門與非農業部門的差距問題才可有比較徹底的解決。

農業現代化的推行成功，部分有賴於政府的適當政策與措施；部分則有賴於工業化的進度。工業化的進度愈快，對勞動的需求愈強，農村勞力離開農村的速度愈大，留下的土地愈大，擴大單位耕種面積及機械化、企業化也愈容易進行。依我們的估計，臺灣農業要達到完全的現代化，農業人口佔總人口的比率在百分之五以下，依目前的人口估計，約在八十萬人左右。而臺灣現在的農業人口約為總人口的三分之一，人數約在五百五十萬左右，顯然尚須有大量農村人口外移的必要。為便利這種人口的外移，政府必須在金融、職業教育與訓練、職業介紹等方面作妥善的安排，但現在似乎尚無具體的跡象可循。

要發展高級工業。轉變為進步國家的第二個重要措施，前面曾經提到的為對有助於工業發展的一切經濟的與非經濟的因素，作全面的檢討、重組、與革新。這包括財政、金融、貿易、科技發展與教育、社會福利措施、基本建設、以及行政等項，在觀念、想法、組織、機構、人事制度上的劇烈改變。應當一項一項的檢討，一項一項的陳舊佈新，淘汰不合當前需要的東西，引進國外的或自行設計的東西，這就是先總統蔣公在一九六〇年代中期以後在各種不同的重要場合，所一再強調的科學精神與全面革新。我們想從一個二千多年來以農業文化為經濟基礎的經濟社會，轉變為一個以工業文化為經濟基礎的現代經濟社會便必須要經過這一道革新過程，不可能省略掉或逃避掉。如果省略掉或逃避掉，或表面上敷衍一下而不認真執行，或祇是選擇一、二項容易接受的，都會使我們在原地打轉，使我們愈來愈落後。清末的維新，民初的西化運動，都沒有使我們成為一個工業經濟社會，也就沒有使我們成為一個現代國家，便是活生生的教訓。革新的範圍小，革新的程度淺，工業化與現代化所帶來的衝激、風險與痛苦就會輕，而進度就會慢，拖的時間就會長；反之，進度就會快，需要的時間就會短。我們現在究竟該付大一點的代價來加速現代化呢？還是儘量少付代價而慢慢現代化呢？這是一個價值判斷與現實環境需要的問題，已超出了經濟學家的範圍，應該由政治家來決定。不過，我們是一個很奇特的社會，我們還有很大一部分人充滿了農業社會的價值觀念與行為標準，根本不願意接受工業社會的東西。對這一部分人士而言，問題不在現代化的快慢，而在要不要現代化，而這一部分人士在社會上還具有很大的發言權，一個文化包袱太重的國家要現代化該是如何的困難！

十、後記

以上係自一九四九年中央政府播遷臺談起，至目前為止，歷時將近一代中，臺灣經濟發展的過程及成果的簡單敘述。所有內容幾乎完全根據作者的記憶，及手邊一點點貧乏的資料。將這三十年的發展根據特徵分成若干不同的時期，也是作者的想法。這當然不是一個完整的敘述，但讀者至少可以從中看出臺灣經濟發展的歷程，為應付不同的問題所採取的策略。敘述完全根據客觀事實，並儘量避免主觀意見，但讀者如能仔細閱讀，仍可看出三十年發展在政策方面的得失。

一九五〇年代，大陸初失，創深痛鉅，全面上下尚時作新亭之泣，奮起圖強；另一方面，人物際會，亦無才難之歎，終能為以後的發展奠立了堅強的基礎。一九六〇年代為一收穫的年代，前一年代的奮鬥，都在此一時期開花結果，無論在經濟及外交方面都是政府遷臺以來的黃金時代。惜乎晏安鴆毒，未能遠圖，一九七〇年代則是艱苦應戰的時代，以後的發展如何，就要看我們奮戰的精神有多大，奮戰的技巧有多高了。不過，有一點是可以確定的，那就是奮戰是硬碰硬的實力較量，我們目前多在實力方面下一分功夫，將來便多一分勝算。

如前所云，本文祇是一個簡單的敘述，希望假我數年，以本文為根據，就一九四九至一九七八的三十年間，寫一本詳細的臺灣經濟發展史，為後代留一信史。

歷史與現場 219
看見那些年我們創造的臺灣經濟奇蹟

作　　者—王作榮
編　　輯—林菁菁
封面設計—李思穎
董 事 長
總 經 理—趙政岷
出 版 者—時報文化出版企業股份有限公司
一〇八〇三　臺北市和平西路三段二四〇號三樓
發行專線—（〇二）二三〇六六八四二
讀者服務專線—（〇八〇〇）二三一七〇五・（〇二）二三〇四七一〇三
讀者服務傳真—（〇二）二三〇四六八五八
郵撥—一九三四四七二四　時報文化出版公司
信箱—臺北郵政七九至九九信箱
時報悅讀網—http://www.readingtimes.com.tw
讀者服務信箱—newlife@readingtimes.com.tw
時報愛讀者粉絲團—http://www.facebook.com/readingtimes.2
法律顧問—理律法律事務所　陳長文律師、李念祖律師
印　　刷—勁達印刷股份有限公司
初版一刷—二〇一四年七月四日
定　　價—新臺幣二四〇元

國家圖書館出版品預行編目(CIP)資料

看見那些年我們創造的臺灣經濟奇蹟 / 王作榮作.
-- 初版. -- 臺北市 : 時報文化, 2014.07
面 ;　公分. --(歷史與現場 ; 219)
ISBN 978-957-13-5995-3(平裝)

1.臺灣經濟 2.經濟發展 3.文集

552.337　　103010094

ISBN 978-957-13-5995-3
Printed in Taiwan